Tim Frühling

111 Orte an Main und Kinzig, die man gesehen haben muss

Mit Fotografien von Christine Frühling

111

emons:

Bibliographische Informationen der Deutschen Nationalbibliothek
Die Deutsche Nationalbibliothek verzeichnet diese Publikation
in der Deutschen Nationalbibliografie; detaillierte bibliografische
Daten sind im Internet über http://dnb.d-nb.e abrufbar.

MIX
Papier aus verantwortungsvollen Quellen
FSC® C043106
FSC www.fsc.org

Gestaltung: Eva Kraskes, nach einem
Konzept von Lübbeke | Naumann | Thoben
Kartografie: altancicek.design, www.altancicek.de
Kartenbasisinformationen aus Openstreetmap,
© OpenStreetMap-Mitwirkende, ODbL
Druck und Bindung: Grafisches Centrum Cuno, Calbe
Printed in Germany 2022
ISBN 978-3-7408-1345-1

Vorwort

»Ich schreibe einen Reiseführer über den Main-Kinzig-Kreis.«

»Oje.«

»Wieso ›oje‹?«

»Na ja, klingt nicht so spannend. Wo ist das denn genau?«

»In Südhessen, östlich von Frankfurt. Zwischen Hanau und Schlüchtern, genauer gesagt.«

(Naserümpfend): »Da bin ich mit dem Zug schon ein paar Mal durchgefahren. Ziemlich langweilig. Und da soll's was zu sehen geben?«

(Gereizt): »Jaaaa.«

(Verächtlich): »Kuhfladen?«

(Zunehmend in Rage): »Ja, klar. Aber darüber hinaus den Geburtsort der Brüder Grimm. Eine Kaiserpfalz von Barbarossa. Zwei Kurbäder, Streuobstwiesen, Spessart, Vogelsberg, Burgen, Hunderte Kilometer Wanderwege, Mountainbike-Routen, die größte Kneipp-Anlage Deutschlands, den längsten Barfußpfad, Tropfsteinhöhle, eine Sommerrodelbahn, Landgasthöfe, Störche, Apfelweinkeltereien, Badeseen, Langlaufloipen und die Firma, die das komplette Outfit für die Handwerker herstellt, die deinen großstädtischen Stilaltbau renovieren!«

(Kleinlaut): »Okay, ist ja vielleicht doch ganz gut da. Aber voll weit weg.«

(Triumphierend): »Weniger als vier Stunden mit der Bahn aus Berlin, Hamburg oder München. Aber: (plötzlich verschwörerisch) Pass gut auf, wenn du aus dem Zug steigst …«

(Ängstlich): »Wieso? Warum? Was ist denn da?«

»ALLES VOLLER KUHFLADEN!«

111 Orte

1 Der Barfußpfad

Schuhlos glücklich

Technisch gesehen sind die menschlichen Füße ein wahres Meisterwerk: fast 30 Knochen, ebenso viele Gelenke, 60 Muskeln, 100 Bänder, 200 Sehnen. Und dazu rund 70.000 Nervenenden, mehr als im Gesicht. Und wir nutzen dieses Bravourstück der Natur meist nur zum Laufen und Stehen. Zeit also, unserem untersten Körperteil mal ein paar längst vergessene Sinneseindrücke zu gönnen, am besten auf Deutschlands längstem Barfußpfad.

Er beginnt kurz hinter dem Kurparkweiher, beschreibt einen Rundkurs durchs Orbtal und ist mehr als vier Kilometer lang. Über mehr als 30 Stationen sorgen für Abwechslung zwischen Zeh und Ferse, Kiesel und Schrauben fordern den Fuß heraus, Sandfelder und federnder Waldboden verwöhnen ihn. Lieblingsstation vieler Kinder ist die Schlammkuhle neben der Willi-Heim-Promenade, wo man sich nach Herzenslust einsauen kann. Den Matsch anschließend wieder loszuwerden, ist auch kein Problem, denn immer wieder führt der Weg, gesichert mit Tauen zum Festhalten, durch den Bach, gerade an heißen Tagen eine herrliche Erfrischung. Wobei es auf dem Orber Barfußpfad nicht nur allein um verschiedene Untergründe geht, der Besucher wird auch zu unterschiedlichen Arten der Bewegung animiert – mal laufen, mal schleichen, mal balancieren.

Die Idee für den Pfad kam seinerzeit von einem Biologielehrer der ortsansässigen Kreisrealschule. Er hat ihn entworfen und anschließend mit Kollegen und Schülern auch gebaut. Und die Verbindung zwischen Schule und Touristenattraktion hat bis heute Bestand. Neben anderen Helfern sind es Schülerinnen und Schüler, die sich im Wahlpflichtkurs »Barfußpfad« um die Pflege des Wegs kümmern. Einige von ihnen übernehmen sogar Führungen auf dem Gelände. Und da heißt's immer, die jungen Leute würden in der Schule nix Sinnvolles mehr lernen. Das ist doch mal, Achtung, kleiner Jokus für die Lateiner unter uns: allerbeste Pedagogik!

Adresse Start an der Kurparkstraße, 63619 Bad Orb | ÖPNV Ab Wächtersbach Bahnhof mit Bus MKK 81 und 82 bis Bad Orb Salinenplatz, dann durch den Kurpark | Anfahrt A66 bis Bad Orb/Wächtersbach, in Bad Orb an der Altstadt vorbei, rechts in die Villbacher Straße und über die Rotahornallee in die Kurparkstraße | Tipp Ein sehenswertes Relikt der Nachkriegsarchitektur ist die elegante Konzerthalle im Kurpark.

2 Das Bügeleisenhaus

Traditionelles Tiny House

Das hübscheste Fleckchen der Orber Altstadt ist die Kirchgasse zwischen Marktplatz und Martinskirche. Abseits der mittelmäßig malerischen Hauptstraße findet man hier liebevoll renoviertes Fachwerk, herrliche alte Türen – und ein ganz besonderes Fotomotiv am Ende des Gässchens: Hessens schmalstes Fachwerkhaus. Es ist der Anbau zur Nordseite mit seiner extrem bescheidenen Breite von 1,58 Meter, der dem Gebäude diesen Titel einbringt.

Bügeleisenhaus wird es genannt, weil es sich hinter der schmalen Spitze weitet, quasi ein stumpfwinkliges Dreieck darstellt, und so im Inneren dann doch auf 84 Quadratmeter Wohnfläche kommt. Zuletzt hat der Künstler Helmut Jahn zwischen den schiefen Wänden gewohnt, nach seinem Tod 2013 hatte seine Schwester das Haus für einige Jahre sonntags als Museum öffentlich zugängig gemacht. Das tut sie aktuell leider nicht mehr, dafür hat das kuriose Häuslein eine neue Bestimmung gefunden. Neben der alten Hospitalkapelle und dem Trauzimmer im Standesamt ist es einer der drei Orte, an denen sich Hochzeitspaare in Bad Orb das Jawort geben können. Und das in einem ganz besonderen Ambiente, denn die großen, bunten abstrakt-expressiven Bilder des Künstlers hängen immer noch dort. Nachgerade ideal ist das Haus übrigens für Menschen mit kleinem Freundeskreis, denn mehr als 20 bis 30 Hochzeitsgäste passen beim besten Willen nicht rein.

Wer es also unbedingt von innen sehen möchte, suche sich schnellstmöglich die passende Liebschaft, ringe ihm oder ihr einen positiv beschiedenen Antrag ab und buche das Bügeleisenhaus für den finalen Eheschluss. Oder lasse sich auf einen der exklusiven Gästelistenplätze bei einem anderen Paar setzen.

Und falls das alles nicht klappt: Ein Foto von außen tut's auch und demonstriert mit ausgebreiteten Armen die Schmalheit sehr überzeugend. Checkt das mal, gibt jede Menge Likes auf Instagram, ich schwöre!

Adresse Kirchgasse 23, 63619 Bad Orb | ÖPNV Bus MKK 81 ab Wächtersbach Bahnhof bis Bad Orb Busbahnhof, von dort in die Altstadt | Anfahrt A66 Ausfahrt Bad Orb/Wächtersbach, Parkplatz in Bad Orb vor der Volksbank oder am Burgring | Tipp Kleine Wanderung auf den Molkenberg, dort gibt's eine schöne Aussicht vom Wartturm.

3 Die Dampfkleinbahn

Was lange währt, macht tuuuut

Unter einer großen weißen Dampfwolke schnauft die kleine Emma mit ein paar bunten Wagen unter mächtigem Geratter und Gezische von Wächtersbach nach Bad Orb. Eine Dreiviertelstunde braucht der Zug für die sieben Kilometer lange Strecke, was angesichts einer Höchstgeschwindigkeit von 25 Stundenkilometern kein Wunder ist.

Dass auf der einstmals stillgelegten Bahnverbindung in die Kurstadt überhaupt wieder Betrieb herrscht, ist dem Schlüchterner Eisenbahn-Enthusiasten Rolf Jirowetz zu verdanken. Er hatte Emma 1989 verrostet und fahruntauglich auf einem Spielplatz in der Nähe von Coburg entdeckt und sofort eine Vision: Die kleine Lok aus dem Jahr 1923 in seine Heimat holen, ein paar Waggons besorgen und Fahrgäste befördern. Doch zunächst hatte in Bad Orb niemand Interesse an seiner Idee, auch der Plan, Bad Soden-Salmüster mit dem Kinzigstausee zu verbinden, scheiterte. Also wich Jirowetz nach Bad Brückenau aus, wo er Gleise verlegte und ursprünglich die Kernstadt mit dem Staatsbad verbinden wollte. Hier allerdings sorgten immer neue Bedenken aus der Bevölkerung dafür, dass der Bahnbetreiber nach vier Jahren entnervt aufgab. Jetzt kam Bad Orb wieder ins Spiel. Weil mittlerweile klar geworden war, dass Jirowetz' Bahnprojekt kein Hirngespinst ist, bekam er vom damaligen Bürgermeister im Jahr 2000 dann doch die Genehmigung, die 1995 stillgelegte Strecke zu reaktivieren.

Dazu mussten die verwilderten Gleise aber erst freigelegt und von Normal- auf Schmalspur umgebaut werden. Und wer im Regelbetrieb einen Zug fahren möchte, braucht die Erlaubnis der Deutschen Bahn, die in puncto Sicherheitsanforderungen keinen Unterschied zwischen ICE und Nostalgie-Bummelzug macht. Aber 2002 war endlich alles so weit: Strecke entbuscht, Genehmigung erteilt, Bevölkerung glücklich. Rolf Jirowetz auch. Und das möge nach all den Mühen hoffentlich noch lange so bleiben!

Adresse Bahnhof, 63619 Bad Orb, www.dampfkleinbahn-bad-orb.de | **ÖPNV** Wer nur eine Strecke fahren will, kommt mit dem Bus MKK 81 auch nach Wächtersbach. | **Anfahrt** A66 bis Bad Orb/Wächtersbach, in Bad Orb Parkplätze am Bahnhof | **Tipp** Im Alten Bahnhof wird im gleichnamigen Restaurant gut gekocht, der Biergarten ist hübsch.

4 Der Flowtrail

Up & Down

Der gesamte hessische Spessart ist durchzogen von einem dichten Netz gut ausgeschilderter Mountainbike-Touren. Die kleinen, quadratischen Wegweiser in Blau, Rot und Schwarz markieren 22 Strecken von leicht bis anspruchsvoll mit einem Höhenunterschied von insgesamt über 14.000 Metern.

Ein besonderes Zuckerl für alle Biker ist der Haseltal-Trail im Wald bei Bad Orb. Wer sich direkt den Berg hinabstürzen will, steigt am Parkplatz »Burgjosser Heiligen« ein, genießt zunächst ein flacheres Stück und lässt dann ab der Wegscheide die Bremsen qualmen. 60 Elemente wie Steilkurven, Sprünge, Schanzen und Wellen rütteln die Downhiller ordentlich durch und erfordern – wenn's richtig Spaß machen soll – ein gewisses Können. Für Anfänger bietet sich der Übungstrail hinter der Haselruhe im Tal an, um sich an die neue Sportart erst einmal heranzutasten. Beide Strecken sind von der »Deutschen Initiative Mountainbike« als Premium-Biketrails zertifiziert und werden von Freiwilligen in Schuss gehalten. Denn so eine gepflegte Abfahrt erfordert jede Menge Arbeit. Allein beim Bau sind über 500 Kubikmeter Erde bewegt worden, nur von Hand, alles ohne Bagger. Und das immer mit dem Ziel, die Strecke so schonend wie möglich in den Hang zu setzen und vorhandene Hindernisse wie Wurzeln und Baumstümpfe in den Trail zu integrieren.

Wo Forst- oder Wanderwege gekreuzt werden, müssen die Biker an Holzschranken abbremsen. Und damit die tierischen Waldbewohner nicht über Gebühr gestört werden, gelten für die Strecken strikte Öffnungszeiten, von November bis März bleiben sie sogar ganz geschlossen. Wer sich an diese paar Regeln hält, kann auf dem Flowtrail jede Menge Spaß haben. Und falls der erste Versuch doch im Matsch endet, hier noch ein lässiger Satz zum Herunterspielen etwaiger Blessuren: »Ich bin nicht hingeflogen, ich bin nur unkontrolliert abgestiegen!«

Adresse Verschiedene Parkplätze in den Wäldern rund um Bad Orb, Informationen unter www.flowtrail-badorb.de | **Tipp** Nach einem anstrengenden Tag auf dem Bike bietet Kärrners Gasthausbrauerei am Kurpark die passende Erfrischung.

5 Das Haseltal

Oase der Ruhe

Das Orbtal in Verlängerung von Gradierwerk und Kurpark ist wohl der Klassiker unter den Spazierrouten von Kurgästen und Touristen. Kein Wunder, denn mit Wildpark und Café Waldfriede gibt es in diesem Tal zwei herrliche Ziele zu erwandern, tolle Tiere und tolle Torten. Nicht ganz so bekannt ist das Seitental des Haselbachs, dort geht es meist etwas ruhiger und fast noch idyllischer zu.

Auf knapp vier Kilometern Länge fließt die Hasel durch offene Wiesen, den gleichnamigen Weiher und an einer wunderschönen Kneipp-Anlage vorbei. Diese Landschaft ist allerdings gefährdet, weil die Wiesenflächen seit einigen Jahren nicht mehr beweidet werden. Deswegen droht ohne menschlichen Eingriff Verbuschung, Verwaldung und Lebensraumverlust für gefährdete Arten. Um dem seltenen »Dunklen Wiesenknopf-Ameisenbläuling«, das ist ein Schmetterling mit hübschen Punkten auf der Flügelunterseite, sein Revier zu erhalten, hat der Landschaftspflegeverband zusammen mit einer Suchthilfeeinrichtung Hand angelegt und das Tal von Farnen, Schlehen und Brombeerbüschen befreit.

Hinter der Haselquelle wartet das Jagdhaus Haselruhe mit Forellen und Wildspezialitäten auf hungrige Wanderer. Erbaut wurde das Haus 1907 vom Frankfurter Industriellen Walther vom Rath. Ein Gebäude mit einer spannenden Baugeschichte, denn auf einem gemauerten Sockel aus Buntsandstein wurden damals einfach maßgeschneiderte Holzteile aus Schweden miteinander verbunden – und so ist das heutige Restaurant wohl eins der ersten Fertighäuser der gesamten Region gewesen.

Weil in der Nähe eines Kurorts nicht alle Gäste gut zu Fuß sind, ist das Ende des Haseltals auch über eine holprige Straße zu erreichen, aber wer die echte Schönheit erleben will, kommt auf Schusters Rappen und macht sich auch genauso wieder auf den Rückweg. Hirschgulasch und Pfifferlingsrahm wollen ja schließlich wieder abtrainiert werden.

Adresse Haselstraße, 63619 Bad Orb | ÖPNV Bus MKK 81 ab Wächtersbach Bahnhof bis Bad Orb Bahnhof, weiter zu Fuß | Anfahrt A66 bis Bad Orb/Wächtersbach, Richtung Bad Orb, im Ort links zum Bahnhof und rechts in die Haselstraße, dann ganz durch | Tipp Die freundliche Metzgerei Fries am Bahnhof verkauft den einzigartigen Orber Soleschinken. Nicht verpassen!

6 Das Schullandheim

Regenerationen für Generationen

Wegscheide – wenn dieser Name in einer Frankfurter Klasse fällt, geht es um Freizeit, Fun und frische Luft. Denn seit Jahrzehnten schickt die Stadt ihre Schüler in das Hüttendorf auf der Spessarthöhe. Ganze Generationen haben in den Wäldern Schnitzel gejagt, Schätze gesucht und vielleicht ihren ersten, scheuen Kuss erlebt. 1920 wurde August Jaspert auf der Suche nach einem Ort, wo Kinder die Traumata des Ersten Weltkriegs verarbeiten konnten, hier oben über Bad Orb fündig. Mit der Unterstützung wohlhabender Bürger konnte der Rektor und Reformpädagoge auf dem ehemaligen Militärgelände seinen Traum von einem Kinderdorf im Grünen verwirklichen.

Ihre dunkelsten Stunden erlebte die Wegscheide im Zweiten Weltkrieg. Ab 1939 wurden hier Kriegsgefangene der deutschen Wehrmacht interniert, zunächst Franzosen, Briten und Polen, später überwiegend Soldaten aus der Sowjetunion. Mehr als 1.400 von ihnen kehrten nicht in die Heimat zurück, an sie erinnern die Massengräber auf dem nahe gelegenen Waldfriedhof. Nach dem Krieg wurden in den Baracken Flüchtlinge untergebracht, zeitweise bis zu 3.000, aber die Stadt Frankfurt hatte ihre Dependance im Grünen nicht vergessen. Schuldezernent Heinrich Seliger gelang es, schon 1949 wieder die ersten Kinder aus der zerstörten Stadt in den Spessart zu bringen, einige Jahre lang teilten sich daraufhin Schüler und Heimatvertriebene das Gelände.

Bis heute sichert ein Erbpachtvertrag mit der Stadt Bad Orb den Fortbestand dieses Ortes, der schon so viel Freude und Leid erlebt hat. Und mittlerweile muss man nicht mal mehr Frankfurter sein, um ein paar Tage auf der Wegscheide zu verbringen. An Wochenenden und in den Ferien werden Tagungen und Seminargruppen gern beherbergt, die Tarife sind unschlagbar günstig, die Luft immer noch frisch – und die Erinnerung an ein Jahrhundert bewegter deutscher Geschichte inklusive.

Adresse Wegscheide 1, 63619 Bad Orb | ÖPNV ab Bad Orb Bus MKK 82 oder 83 bis Bad Orb Wegscheide | Anfahrt A66 bis Bad Orb/Wächtersbach, durch Bad Orb Richtung Jossgrund, circa drei Kilometer nach dem Ortsausgang auf dem Berg | Tipp Von der Wegscheide aus lohnt ein Spaziergang durchs Orbtal zum kostenlosen Wildtierpark mit Haustierstreichelzoo.

7__Der Jakobsweg

Immer der Muschel nach

Die Pilgerwanderung ist eine ganz spezielle Art, den Main-Kinzig-Kreis zu entdecken. 124 Kilometer liegen zwischen der Frankfurter Leonhardskirche und dem Dom zu Fulda, von der Stadtgrenze bei Bergen-Enkheim bis zum Landrücken hinter Schlüchtern-Drasenberg geht's durch MKK-Gebiet. Nicht immer folgt die Beschilderung mit der Jakobsmuschel der kürzesten und flachsten Route, für besondere Sehenswürdigkeiten wie die Bergkirche Niedergründau oder das Schloss Wächtersbach wird auch mal ein kleiner Umweg in Kauf genommen.

Direkt am Weg liegt die prächtige Pfarrkirche Sankt Peter und Paul in Salmünster. Im Inneren des barocken Schmuckstücks durfte sich der Fuldaer Hofbaumeister Andrea Gallasini mit seinen Maler- und Bildhauerkollegen austoben. Die überbordende Ausstattung lässt auch Menschen ohne Bezug zu Gottesverehrung und Pilgerei nicht unbeeindruckt.

Ein Kirchlein ganz anderer Dimension empfängt die Jakobsweg-Wanderer drei Kilometer kinzigaufwärts in Ahl. Dort wurde 1913, fast 600 Jahre nach Ortsgründung, das erste eigene Gotteshaus des Dorfs eingeweiht. Die helle Freundlichkeit des Neobarocks und ein wesentlich älterer Hochaltar, ursprünglich aus Altenmittlau, lohnen einen Blick ins Innere. Noch mehr aber macht sich ein kleiner Marsch bergauf zur Mariengrotte bezahlt. Die ist erstens unerwartet groß, liegt zweitens wundervoll in die Landschaft eingebettet und bietet drittens an heißen Tagen fast immer ein schattiges Plätzchen. Und wer sich gern ablenken lässt, kann von hier aus dem Jakobsweg kurz untreu werden und der alten Pilgerstrecke zur Wallfahrtskirche Heilig Kreuz nach Alsberg folgen. Oder wieder zurück ins Tal und ab nach Steinau und Schlüchtern. Dort warten mit der Katharinenkirche, dem Schloss und der ehemaligen Benediktinerabtei noch jede Menge Highlights an der Strecke. Oder zumindest die nächste Herberge mit Pilger-Belohnungs-Bierchen.

Adresse Mariengrotte: oberhalb von Ahl, hinter der Kirche links bergauf | **ÖPNV** ab Bahnhof BSS mit Bus 90 bis Ahl Kirche | **Anfahrt** A66, Ausfahrt Bad Soden-Salmünster, über die Hanauer Landstraße in den Nachbarort Ahl | **Tipp** Die Pizzeria Da Enzo am Salzufer in Bad Soden ist sehr beliebt bei Einheimischen und Kurgästen. Aus gutem Grund!

8 Der alte Ortskern

Der Katastrophe entgangen

Andernorts wird am 1. April der beste Aprilscherz gefeiert, in Ahl erinnert dieser Tag an nichts weniger als die Rettung des Dorfs.

Zum Ende des Zweiten Weltkriegs rückten amerikanische Panzerverbände talaufwärts an der Kinzig auf den Ort zu. Die Bevölkerung von Bad Soden, Salmünster und auch Ahl hatte längst erkannt, dass der Krieg verloren ist, und weiße Fahnen gehisst. Aber in der Gegend waren noch versprengte Wehrmachtssoldaten unterwegs, natürlich mit dem Befehl, auf die feindlichen Truppen zu schießen. Und so kam es, dass ein Stück außerhalb des Ortes ein amerikanischer Soldat durch eine deutsche Kugel starb.

Die Amerikaner mussten annehmen, dass ihr Kamerad von einem Bewohner Ahls getötet wurde, und schworen Rache. Am Ostersonntag, dem 1. April, sollte das Dorf nach Evakuierung der Bewohner dem Erdboden gleichgemacht werden.

Als Glücksfall erwies sich, dass sich der britische Major Thomas Geoffrey Bedding in Bad Soden in Kriegsgefangenschaft befand, durch seine zugängliche Art hatte er es zum Vertrauensoffizier in den zu Lazaretten umgebauten Kurheimen gebracht. Und die Bürger von Ahl taten genau das, sie vertrauten sich ihm an und baten ihn um Vermittlung.

Bedding sah wohl ein, dass es auf den letzten Metern des Krieges nicht noch mehr Leid und Zerstörung geben musste, und nahm Kontakt mit dem amerikanischen Offizier in Bad Soden und dem höhergestellten General in Bad Homburg auf. Erst später kam raus, dass in den Verhandlungen der pathetische Satz gefallen sein soll: »Wenn sie den Befehl nicht zurücknehmen, werde ich mittendrin stehen!« Ob es diese Drohung war, die die alliierten Partner überzeugt hat, ist nicht überliefert. Ahl jedenfalls wurde gerettet. Seit 1970 trägt die Straße nach Bad Soden den Namen »Major-Bedding-Straße«, außerdem wurde er Ehrenbürger der Stadt. Aber das ist als Dank für ein gerettetes Dorf ja wohl das Mindeste!

Adresse Ortsmitte von Bad Soden-Salmünster-Ahl, an der Leipziger Straße | **ÖPNV** ab Bahnhof BSS mit Bus 90 bis Ahl Kirche | **Anfahrt** A66, Ausfahrt Bad Soden-Salmünster, über die Hanauer Landstraße in den Nachbarort Ahl | **Tipp** Schöne Aussichten auf das Kinzigtal gibt es auf der Spessartfährte »Stolzenberger Ritterblick«, Start in der Altstadt von Bad Soden.

9 Der Früchteteppich

Bodenübungen

»Das ist jetzt wohl das armseligste Kirchlein in der ganzen Diözese Fulda. So kann und darf es nicht weitergehen!« Diese Sätze standen in Bettelbriefen, die ein Kirchenmann 1927 an ausgewanderte Merneser Bürger in die USA schickte, verbunden mit der eindringlichen Bitte um Geld. Wie viele Spenden tatsächlich zusammenkamen, ist nicht überliefert, es muss aber gereicht haben, um die Erweiterung der katholischen Kirche Sankt Peter 1933 in Angriff zu nehmen. Ein Jahr später wurde sie aufs Neue eingeweiht und kann seitdem sogar mit hochwertigen Kunstschätzen glänzen. Taufstein, Marienaltar und eine Kreuzigungsgruppe aus der Schule Tilman Riemenschneiders kamen durch Zufall ins Dorf. Sie stammen ursprünglich aus der Kirche in Lettgenbrunn. Diese war zusammen mit dem gesamten Ort für die Errichtung eines Truppenübungsplatzes geräumt worden, über den kleinen Umweg in einem Frankfurter Kloster gelangte die Ausstattung schließlich nach Mernes.

Ganz besonders lohnt sich ein Besuch im Herbst, wenn die fleißigen Damen der katholischen Frauengemeinschaft wieder ihren Früchteteppich gelegt haben. Dann duftet es in der ganzen Kirche nach Gewürzen und Spezereien, und das halbe Jossatal kommt gucken. Angefangen haben die Hobby-Künstlerinnen damit 2004 und sich seitdem stetig verbessert. Bestanden die Teppiche früher aus groben Ornamenten und eher sächlichen Darstellungen, sind es heute fein ausgearbeitete biblische Szenen, die aus Reis, Nüssen, Curry, Paprikapulver oder Sonnenblumenkernen auf den Kirchenboden gezaubert werden. 60 Arbeitsstunden investieren die Frauen in jedes Motiv, das im Regelfall von Anfang Oktober bis Mitte November bewundert werden kann. Und wer Gefallen daran findet, darf gern eine kleine Spende für die Kirche dalassen. Dann müssen die Merneser für die nächste Sanierung nicht wieder ihre ausgewanderten Vorfahren jenseits des Großen Teichs anpumpen.

Adresse Brückenauer Straße, 63628 Bad Soden-Salmünster | **ÖPNV** Bus 94 ab Bad Soden-Salmünster-Bahnhof bis Mernes Ortsmitte | **Anfahrt** A66 bis Bad Soden-Salmünster, Richtung Mernes, in der Ortsmitte | **Tipp** Verpflegung für Wanderungen gibt's bei Kistners Nahkauf auf der Salmünsterer Straße. Herrlicher Dorfladen mit allem, was man braucht.

10 Das Wasserwerk

Konfliktrelikt

Ein Denkmal der Industriekultur mit Jugendstil-Anklängen würde hier im idyllischen Jossatal wohl kaum jemand erwarten. Umso überraschender ist der Anblick des trutzigen Objekts am Ortsrand von Mernes. Den mächtigen Bau hat das Dorf dem preußischen Säbelrasseln kurz vor Beginn des Ersten Weltkriegs zu verdanken. Denn da sollte talaufwärts in Villbach ein großer Truppenübungsplatz mit Militärlager auf der Wegscheide entstehen. Zur Wasserversorgung der Soldaten hatte man eine kräftige Quelle in Mernes ausgeguckt, also wurde nach Vertragsabschluss mit dem örtlichen Bürgermeister das wuchtige Werk da hingestellt.

Nun war der damalige Lokalpolitiker offenbar ein schlauer Fuchs. Denn er ließ in die Vereinbarung diktieren, dass die Bürger aus seinem Dorf kostenlos mit Wasser beliefert werden – und zwar bis in alle Ewigkeit! So weit der schöne Teil der Geschichte. Prekär ist, dass die heutigen Eigentumsverhältnisse dazu führen, dass sich niemand so recht um den Erhalt der denkmalgeschützten Anlage kümmern will. Denn die Wegscheide samt Wasserwerk gehören mittlerweile der Stadt Bad Orb, die wiederum alles zusammen an die Stadt Frankfurt verpachtet. Und die hat in ihrem Etat wahrlich andere Probleme, als sich um die Renovierung eines Wasserwerks in 70 Kilometern Entfernung zu kümmern.

Bislang zeichnet sich keine Lösung ab, obwohl ein Förderverein immer wieder bei den Verantwortlichen anklopft. Die engagierten Bürger von Mernes träumen von einem Veranstaltungszentrum in dem weiß gekachelten Saal mit Konzerten oder Ausstellungen zwischen alten Antriebsaggregaten und antiquierten Pumpen.

Oder wie wäre es mit dieser Idee? Ein Frankfurter Szene-Gastronom saniert alles und eröffnet eine extravagante Bar im Industriedenkmal. Und die Merneser gehen jeden Abend Cocktails schlürfen – von dem Geld, das sie seit Jahrzehnten bei ihrer Wasserrechnung sparen!

Adresse Salmünsterer Straße, 63628 Bad Soden-Salmünster | ÖPNV Bus 94 ab Bad Soden-Salmünster-Bahnhof bis Mernes Firma Lingenfelder | Anfahrt A66 bis Bad Soden-Salmünster, Richtung Mernes, am Ortseingang rechts | Tipp Auf der Spessartspur »Merneser Jossatal« lässt sich am Bach herrlich die Aufstauungswut des Bibers beobachten.

11 Ardeas Seenwelt

Mit dem Reiher um den Weiher

Die Kinzigtalsperre war lange Zeit kein touristisches Highlight. Baden ist verboten, Autobahn und Eisenbahnlinie sorgen für einen ordentlichen Geräuschpegel, nicht einmal die Staumauer ist besonders eindrucksvoll. Weil aber doch jede Menge Spaziergänger und Radfahrer den talausfüllenden See ansteuern oder zumindest passieren, lag es nahe, das Gewässer für die Besucher ein wenig aufzupeppen.

Im September 2021 war es so weit: »Ardeas Seenwelt« wurde eröffnet. Maskottchen der Anlage um den gesamten See ist der Graureiher, dessen lateinischer Bezeichnung auch der Name entliehen wurde. Der freundliche Vogel führt kleine und große Besucher auf gut sechs Kilometern Rundweg zu 16 liebevollen Stationen. Da gibt es einen bekletterbaren Fisch, Balancierpfade, eine Abenteuerseilbahn und bunte Hüpfblätter. Und diesen wunderbaren Wasserspielplatz mit benachbartem Kugelbahnturm, der selbst den längst volljährigen Autor dieses Buchs schlagartig reinfantilisierte. Alle Gerätschaften stammen von einem niederösterreichischen Hersteller, machen einen sehr wertigen Eindruck und sind offensichtlich individuell für die Seenwelt gefertigt worden. Ganz nebenbei lernen Kinder und Erwachsene auf interaktiven Tafeln, wie ein Stausee funktioniert und wer hier so alles am und im Wasser lebt oder wächst. Und selbstverständlich, warum es sich lohnt, diesen Naturraum und seine Bewohner zu schützen. Wanderportale berechnen für eine Umrundung eine Stunde und 35 Minuten. Wer Kinder dabeihat, sollte aber mal mindestens die doppelte Zeit einplanen.

Auf die Beine gestellt hat das 1,4 Millionen Euro teure Projekt der Kreis mit den Kommunen Steinau und Bad Soden-Salmünster. Mehr als ein Drittel der Finanzmittel allerdings kam aus einem europäischen Förderprogramm für den ländlichen Raum. Just sayin', weil viele Leute ja immer noch glauben, dass Deutschland nur an die EU zahlt und nichts davon hat.

Adresse Kinzigtalsperre, 63628 Bad Soden-Salmünster | **ÖPNV** vom Bahnhof Steinau bis zum Seeufer etwa 25 Minuten zu Fuß | **Anfahrt** A66 bis Steinau, dort Richtung Innenstadt und im Tal rechts nach Bad Soden-Salmünster, Parkplatz links, kurz vor der Staumauer | **Tipp** Vom Klärwerk nach Marborn wandern (circa 20 Minuten). Der »Bayrische Hof« bekommt jeden satt!

12 Das Bieberit

Co[SO4]·7H2O

Hui, ein Mineral, das nach einem Ort im Main-Kinzig-Kreis benannt wurde, das klingt ja nach einer spannenden Geschichte. Tatsächlich geht der Name auf den Fundort Bieber zurück, wo diese chemische Verbindung 1807 in einem Bergbau zum ersten Mal entdeckt und dokumentiert wurde. Bieberit heißt das Kobaltvitriol seit 1845, festgelegt hat den Namen der österreichische Geologe Wilhelm von Haidinger.

Zusammengesetzt ist das sehr seltene Sulfat aus Kobalt, Schwefel, Sauerstoff und Wasserstoff. Bieberit bildet einen krustigen Überzug auf anderen Mineralien, der durch ein kristallenes Rosarot ins Auge fällt. Bis hierhin recht beeindruckend, oder? Zur Vollständigkeit der Geschichte gehört aber auch, dass Bieberit im Prinzip nichts kann. Außer sich in Wasser auflösen und es rosa einfärben. Aber warum sollte man, selten wie sie ist, die hübsche Kristallkruste ins Wasser werfen? Verschärfend kommt hinzu, dass es sich bei Bieberit um ein mimosenhaftes Mineral handelt, das sich ab 40,7 Grad Celsius in ein Hexahydrat verwandelt, das dann nicht mal mehr Wasser bunt machen kann.

Lukrativer war der Erzabbau, der bis vor gut 100 Jahren das Ortsbild von Bieber geprägt hat. Auch die Bahnlinie durchs Tal bis Gelnhausen wurde Ende des vorvergangenen Jahrhunderts vorwiegend für den Abtransport der Erze an die Ruhr gebaut. Der Rundweg »Bieberer Acht« macht mit vielen Erklärungstafeln und historischen Fotos die Bergbaugeschichte des Ortes wieder lebendig. Besonders spannend: das Mundloch des Bertha-Stollens, in den zu Beginn des 20. Jahrhunderts mehr als drei Kilometer Gleise verlegt wurden, über die eine benzolbetriebene Lokomotive die Erze zur ehemaligen Ladestation am heutigen Festplatz zog.

Nur das Bieberit wird auf dem geologischen Wanderweg ein wenig stiefmütterlich behandelt. Deswegen habe ich mir erlaubt, die rosarote Rarität mal ein wenig ins Rampenlicht zu rücken.

Adresse Stollen Bertha, Zum Burgberg, 63599 Biebergemünd-Bieber | **ÖPNV** ab Gelnhausen Bahnhof Bus MKK 64 bis Bieber Rathaus, kurzer Fußweg | **Anfahrt** A66 bis Bad Orb/Wächtersbach, B276 nach Biebergemünd, in Bieber rechts in den Schmelzweg, dann links Zum Burgberg | **Tipp** Mehr zum Bergbau und die Geschichte des Tals gibt's im Biebergrundmuseum an der Bundesstraße, Infos unter www.geschichtsverein-biebergemuend.de.

13 Der Wilm-Hosenfeld-Platz

Großes Kino!

Was haben die 2003 verliehenen Oscars für die beste Regie, den besten Hauptdarsteller und das beste adaptierte Drehbuch mit der beschaulichen Gemeinde Biebergemünd zu tun?

Folgendes: Kurz nach dem Ersten Weltkrieg kam der Osthesse Wilhelm Adalbert »Wilm« Hosenfeld als junger Dorfschullehrer nach Roßbach, später nach Kassel. Sieben Jahre blieb er im Biebertal, 1927 ging es zurück in die Rhön. Dort fing der Vater von fünf Kindern an, sich für die Nationalsozialisten zu begeistern, wurde Mitglied der SA, später auch der NSDAP. Kurz nach dem Einmarsch der deutschen Truppen verschlug es ihn nach Polen, wo sich Hosenfeld in Warschau bis zum Leiter der Sportschule der Wehrmacht hocharbeitete. Die Brutalität der Kriegsverbrechen muss den Pädagogen aber so sehr abgeschreckt haben, dass er versuchte, sich im Rahmen seiner Möglichkeiten mit Juden und Polen zu solidarisieren, deren Sprache er sogar erlernte. Mehr als 30 Menschen soll er, unter anderem mit falschen Identitäten, das Leben gerettet haben. Im letzten Kriegswinter 1944 entdeckte Hosenfeld in einer Ruine den halb verhungerten Władysław Szpilman. Statt den jüdischen Komponisten zu verpfeifen, brachte er ihm Essen und Kleidung. Szpilman überlebte.

Aus seinen Memoiren entstand der Stoff (Bestes adaptiertes Drehbuch) für den weltberühmten Film »Der Pianist«, den Roman Polanski (Beste Regie) mit Adrien Brody (Bester Hauptdarsteller) verfilmte. Wilm Hosenfeld wurde nach seinem frühen Tod 1952 postum mit dem Titel »Gerechter unter den Völkern« von der Holocaustgedenkstätte Yad Vashem ausgezeichnet – wohlgemerkt: als ehemaliger Wehrmachtsoffizier! Das kleine Plätzchen in der Ortsmitte von Kassel, das Hosenfelds Namen trägt, mag, verglichen mit der Ehrung aus Israel, ein wenig glanzlos erscheinen. Trotzdem schön, dass die Gemeinde das Wirken des Menschenfreunds in Nazi-Uniform nicht ganz vergessen hat.

Adresse Wilm-Hosenfeld-Platz, Höhe Spessartstraße 52, 63599 Biebergemünd-Bieber | ÖPNV ab Gelnhausen Bahnhof Bus MKK 64 bis Biebergemünd-Kassel Kirche | Anfahrt A66 bis Bad Orb/Wächtersbach, B276 bis Biebergemünd-Kassel, in der Ortsmitte | Tipp Um Verwechslungen vorzubeugen, wird der Ort wegen seiner früheren Handwerkstradition »Besenkassel« genannt.

14 Der Vogelsberger Südbahnradweg

Kleine Qualen auf Pedalen

Klar, einen wahren Eisenbahn-Nostalgiker schmerzt jede stillgelegte Strecke. Jeder leer stehende Bahnhof, jedes ausrangierte Signal. Aber wenn sich eine Schienenverbindung halt so gar nicht als rentabel erweisen will, muss auch der größte Dampfross-Romantiker ein Einsehen haben. Für die Vogelsberger Südbahn galt das besonders für den oberen Abschnitt zwischen Birstein und Hartmannshain: durch eine spärlich besiedelte Gegend mussten sich die Züge über Dutzende Kurven auf fast 600 Meter Seehöhe hinaufschrauben, in harten Wintern immer wieder durch Schneeverwehungen ausgebremst. Deswegen war 1958 Schluss mit dem Bahnverkehr, gerade mal 24 Jahre nach Inbetriebnahme, neun Jahre später fuhren auch auf dem unteren Teilstück nach Wächtersbach die letzten Züge.

Heute ist die gut 30 Kilometer lange Route ein wunderschöner Radweg, bequem asphaltiert und hervorragend beschildert. Nicht immer verläuft die Radelstrecke direkt auf der Eisenbahntrasse, dadurch ergeben sich zum Teil kräftigere Steigungen als für Züge üblich. Aber selbst auf den flacheren Teilstücken geht es fast beständig bergan, immerhin wollen fast 400 Höhenmeter zwischen Kinzigtal und Oberwald überwunden werden. Wer kein E-Bike oder nicht genügend sportlichen Ehrgeiz besitzt, kann auf einen Service des Rhein-Main-Verkehrsverbunds zurückgreifen: den Vogelsberger Vulkan-Express. Das sind verschiedene Buslinien mit Radanhängern, von Bad Orb und Wächtersbach aus bringt die Linie VB-95 Biker an den Wochenenden von Mai bis Oktober nach Hartmannhain oder sogar bis auf den Hoherodskopf. Wer von dort ins Tal zurückrollt, verbrennt zwar kaum eine Kalorie, hat aber einen Riesenspaß in herrlicher Landschaft und sollte spätestens in Birstein an der Denkmallok VL 13 ein Päuschen einlegen. Denn ohne die kurzlebige und nicht besonders effiziente Bahnstrecke wäre dieser traumhafte Radweg wohl nie entstanden.

Adresse Lokdenkmal, Bahnhofstraße 5, 63633 Birstein | **ÖPNV** ab Bahnhof Wächtersbach Bus MKK 71 bis Birstein Busbahnhof | **Anfahrt** A66 Ausfahrt Bad Orb/Wächtersbach, B276 bis Birstein, direkt am Ortseingang rechts | **Tipp** Fahnden Sie im Supermarkt nach Sotzbacher Apfelwein. Ein hervorragendes Tröpfchen!

15 Das doppelte Dorf

Übles Hinterteil im Doppelpack

Bösgesäß, hihi, allein der Name ist ja schon so lustig, dass der Ort ein Kapitel in diesem Buch verdient hat. Dabei ist das, was sich dort abspielt, eher skurril denn erheiternd. Denn es gibt hier rechts und links der Bracht zwei etwa gleich große Dörfer dieses Namens, allerdings mit unterschiedlichen Schreibweisen. Bösgesäß östlich des Flüssleins, Böß-Gesäß am Westufer. Aber: warum?

Weil es sich seinerzeit begab, dass der Wiener Kongress 1815 das Fürstentum Isenburg teilte. Mit der Bracht als Grenze fiel Böß-Gesäß dem Großherzogtum Hessen (Hauptstadt Darmstadt) zu, Bösgesäß wiederum ging an das Kurfürstentum Hessen (Hauptstadt Kassel), das fünfzig Jahre später von Preußen annektiert wurde. Deswegen wird noch heute umgangssprachlich zwischen Hessisch-Bösgesäß und Preußisch-Bösgesäß differenziert. Nach dem Zweiten Weltkrieg gehörten dann beide Orte zu Hessen, Böß-Gesäß allerdings zum Kreis Büdingen, Bösgesäß zum Kreis Gelnhausen. Ja, das ist alles sehr kompliziert, beim Schreiben aber noch mehr als beim Lesen, glauben Sie mir. 1971 schließlich endete mit der Eingemeindung nach Birstein die 155-jährige Trennung der beiden Dörfer, also Deckel drauf – und gut ist es …

Nein, gut ist es erst, wenn niemand mehr über den Namen lacht. Denn Gesäße gibt es in Hessen zahlreiche, mit so schönen Vornamen wie Etzen-, Weiten- oder Eiden-, die allesamt nichts mit dem unteren Rumpfende eines Lebewesens zu tun haben. Das Gesäß ist vielmehr ein altertümlicher Ausdruck für einen Wohnsitz, im konkreten Fall von Bösgesäß dem eines gewissen Bunzo, mittelhochdeutsch »Buensgesesze«. Denn immerhin kann sich das Doppeldorf rühmen, urkundlich schon 1384 ersterwähnt worden zu sein. Und dass dem Flecken eine derart bewegte Geschichte bevorstehen würde, die heute immer noch in einem der kuriosesten Ortsschilder Hessens weiterlebt, konnte der gute alte Bunzo damals ja nicht ahnen.

Adresse 63633 Birstein-Bösgesäß bzw. Böß-Gesäß | ÖPNV ab Birstein Busbahnhof Bus MKK 74 oder Anruftaxi nach Böß-Gesäß Dorfplatz | Anfahrt A66 bis Bad Orb/Wächtersbach, dort auf B276 Richtung Birstein, in Fischborn links ab | Tipp Das Freizeitbad Birstein hat mit seiner 73-Meter-Rutsche eine der längsten im Main-Kinzig-Kreis.

16 Die Wege des Wassers

Planschpädagogik

Der Vogelsberg ist mit seinen 2.300 Quadratkilometern ein riesiger Wasserspeicher mitten in Hessen. Hohe Niederschlagsmengen in den Gipfelregionen und die besondere Geologie eines erloschenen Vulkans sorgen für jede Menge Quellen – und weil das Gebirge ein bisschen aussieht wie eine Zitronenpresse, fließt das Wasser in alle Himmelsrichtungen ab. Nun hat dieser Wasserreichtum schon früh Begehrlichkeiten geweckt, 1873 wurde die erste Leitung aus dem heutigen Birsteiner Ortsteil Fischborn nach Frankfurt in Betrieb genommen. Fast genauso alt wie die Fernwasserversorgung ist auch der Streit um das kostbare Nass, gerade in den trockenen Sommern der letzten Jahre hat der Grundwasserpegel im Vogelsberg schwer unter dem Durst der Frankfurter gelitten.

Um schon den Kindern klarzumachen, dass das Wasser eine knappe Ressource ist, hat die Gemeinde 2012 einen wunderbaren Spielplatz direkt am Vogelsberger Südbahnradweg errichtet. Dort können die Kleinen planschen, pumpen, das Wasser in vier Sieben reinigen oder mit einer archimedischen Spirale bergauf befördern. So lernen sie ganz nebenbei, wie viel Arbeit die Wasserversorgung früher gemacht hat und welche Mengen dieses kostbaren Guts jeder Einzelne von uns heute Tag für Tag verbraucht. Für die Eltern gibt es schattige Sitzplätze mit Blick auf die spielenden Kinder und neuerdings sogar drei Ladestationen für Elektrofahrräder mit Ökostrom.

Da der Nachwuchs von diesem Spielplatz erfahrungsgemäß schwer wieder wegzubekommen ist und Fischborn kaum Infrastruktur aufweist, bietet es sich an, ein kleines Vesper mitzubringen. Falls es mal regnet: egal. Die Kinder sind eh nass und die Sitzplätze überdacht. Und nach diesem Kapitel haben wir ja auch ein ganz neues Verhältnis zum Regen aufgebaut, gell? Wir ärgern uns nicht mehr über ihn, sondern jubeln über jeden Tropfen, der die Reservoirs wieder auffüllt.

Adresse Zum Hofborn, 63633 Birstein-Fischborn | **ÖPNV** ab Wächtersbach Bahnhof Bus MKK72, Umstieg in Birstein in Bus MKK74 bis Fischborn Friedhof | **Anfahrt** A66 Ausfahrt Bad Orb/Wächtersbach, in Richtung Birstein/Gedern, in der Ortsmitte Fischborn rechts | **Tipp** Der »Vogelsberger Dom« im Nachbarort Unterreichenbach ist eine Dorfkirche von beeindruckender Größe. Abstecher lohnt!

17__Die Feuerwehrscheune

Wasser marsch!

Wenn es heute brennt, kommt die Feuerwehr mit Tatütata angebraust und fängt in Windeseile an zu löschen. Wie lang so ein Einsatz früher gedauert hat, bis die Holzleiter zum Einsatzort gerollt war, die Handdruckpumpen betriebsbereit und der erste Tropfen Wasser auf die Flammen traf, das kann man sich nach einem Besuch im Sotzbacher Feuerwehrmuseum lebhaft vorstellen.

Süren Reifschneider hat aus seinem historischen Vierseithof ein Mekka für Blaulicht-Fans gemacht. Früher selbst bei der freiwilligen Feuerwehr, begann er zunächst mit einer Sammlung von Miniaturmodellen, Ärmelabzeichen und Orden. Nach ein paar kreativen Umräumarbeiten war in den Stallungen eigentlich genug Platz für ein Museum, allein die großen Ausstellungsstücke fehlten noch. Also putzte er Klinken und schwatzte den Löschtrupps in der Region ausgemustertes Material ab. Uniformen, Pumpen, Schläuche, Masken, alles wurde gesammelt und der Historie nach von der Kaiserzeit bis ins Heute museal aufbereitet. Reifschneiders größter Stolz sind fünf Löschfahrzeuge aus verschiedenen Epochen, darunter ein wunderschöner Opel Blitz von 1959. Mittlerweile ist die Feuerwehrscheune als Verein organisiert und Mitglied in der AG deutscher Feuerwehrmuseen, die ein großes Netzwerk bilden und Exponate untereinander tauschen.

Besonders freut sich der Selfmade-Museumsmacher über Besuch von Kindern. Die können mit ihrer Klasse oder ihrem Kindergarten herkommen und auf einem Brandschutzlehrpfad alles über das Thema Feuer lernen. Oder noch besser: auf der riesigen Wiese hinterm Haus ihren Geburtstag feiern und dabei vielleicht die Begeisterung für die Feuerwehr entdecken. Denn immer mehr Löschmannschaften haben heutzutage Schwierigkeiten, Nachwuchs zu finden. Und so wäre es für Reifschneider die größte Freude, wenn – darf man diese Formulierung hier verwenden? – bei einem Museumsbesuch der Funke überspringen würde.

Adresse Langgasse 1, 63633 Birstein, www.feuerwehrscheune.de | **ÖPNV** ab Bahnhof Wächtersbach Bus MKK 71 bis Untersotzbach Dorfgemeinschaftshaus | **Anfahrt** A66 bis Bad Orb/Wächtersbach, B276 nach Birstein, rechts nach Untersotzbach | **Tipp** Der Verein »Wilde Kultur Birstein« organisiert Konzerte, Kabarett, Ausstellungen und die Birsteiner Festspiele. Tolles Engagement!

18 Das Lindenhof-Museum

Zuneigung zum Zerbrechlichen

In der Welt der Keramik hat es der Name »Waechtersbach« zu internationalem Ruhm gebracht. Auch wenn in der gleichnamigen Stadt nie produziert wurde, sondern zunächst in Weilers, dann in Schlierbach, ist die Marke ein Begriff für Qualität und Design. Besonders in der Ära des Kunstkeramikers Christian Neureuther zwischen 1901 und 1921 sind in Kooperation mit der Darmstädter Künstlerkolonie wegweisende Werke des Jugendstils entstanden.

Klaus-Dietrich Keßlers Faszination für das lokale Steingut erwachte bei einer Hausauflösung in Bad Orb. Von dort brachte er seiner Frau Marlies eine Kachel mit, steckte auch sie mit der Waechtersbach-Leidenschaft an und begann, Schönes und Kurioses aus heimischer Produktion zu sammeln. Parallel dazu hatten die beiden einen alten Hof in Streitberg gekauft, den sie zehn Jahre lang renovierten und 2003 schließlich mit einem Keramik-Museum krönten. In der alten Fachwerkscheune steht eine schier unüberschaubare Anzahl an Tellern, Tassen, Schüsseln, Vasen und Gefäßen, zu denen die Keßlers jede Menge Geschichten parat haben. Die Exponate aus Art déco und Bauhaus-Stil sind nebenan im runden Inneren eines umgebauten landwirtschaftlichen Silos zu bewundern. Abgerundet wird das Ensemble von einem kleinen Häuschen auf der anderen Seite des Hofs, das natürlich auch bis oben hin voll mit Ausstellungsstücken steht.

Mit ihrem Museum wollen die Keßlers der Industriegeschichte Brachttals ein Denkmal setzen. Und die unglaubliche Produktvielfalt aus 180 Jahren Waechtersbacher Keramik zeigen. Wie in vielen Privatsammlungen, ist es auch hier ratsam, sich von den Ausstellungsmachern beim Gang durch die Räumlichkeiten begleiten zu lassen. Einerseits, weil ihre Begeisterung für den Keramik-Kosmos ansteckend wirkt. Andererseits, weil man bei der riesigen Menge an zusammengetragenen Schönheiten unweigerlich manches Highlight übersehen würde.

Adresse Lindenstraße 2, 63636 Brachttal, www.lindenhof-museum.de | ÖPNV ab Bahnhof Wächtersbach Anrufsammeltaxi MKK 73A nach Streitberg | Anfahrt A66 Ausfahrt Bad Orb/Wächtersbach, B276 Richtung Birstein, in Brachttal-Schlierbach links ab | Tipp Einen kleinen Stopp an der tausendjährigen Eiche kurz vor Schloss Eisenhammer einlegen und den Baum angemessen bewundern.

19 Die Kelterei Walther

Apfelallerlei

Streuobstwiesen sind typisch hessische Biotope. In den alten Obstgärten zwischen Main, Wetterau und Taunus finden Insekten, Reptilien, Spinnen und Vögel ihren Lebensraum inmitten einer dicht besiedelten Region. Keltereien helfen dabei, diese Kulturlandschaft zu erhalten. Die Walthers aus Bruchköbel zum Beispiel setzen auf kurze Wege und arbeiten seit Jahrzehnten mit Lieferanten aus der Nähe zusammen. Hier wird jeder seine Äpfel los, auch wer nur ein paar dutzend Kilo von seinen drei Bäumen liefern kann, ist herzlich willkommen und wird fair bezahlt.

Weil die Früchte eben nicht von Plantagen stammen und jede Ernte vom Wetter abhängt, schmecken die Walther'schen Naturprodukte jedes Jahr ein bisschen anders. Die Äpplerprofis versuchen zwar durch Verschnitt – beim Wein klingt es vornehmer, da würde man es Cuvée nennen – einen möglichst ähnlichen Geschmack zu erzeugen, aber ganz gleich ist er nie. Das liegt auch daran, dass Zucker, Konzentrate oder Konservierungsstoffe im Apfelsaft oder -wein von Walthers nichts zu suchen haben. Abgesehen vom hessischen Standardrepertoire bietet die Kelterei auch Limonaden, Mixgetränke und Saftkreationen an. Von Banane über Ananas bis Orange-Apfel-Kürbis-Melone (ja, alles in einer Flasche) wird einiges geboten. Dazu gibt's verschiedene Äppler-basierte Spezialitäten wie fertig gemischten Cola-Apfelwein, Cider Apfel-Quitte oder die besondere Edition aus dreimonatigem Ausbau im Rumfass. Erhältlich sind die Produkte in vielen Supermärkten in einem Umkreis von etwa 70 Kilometern – oder mit der größten Auswahl und komplett ohne Lieferwege im »Wein- und Saftladen« direkt am Bruchköbeler Firmensitz.

Dort einzukaufen, macht ab Mitte September am meisten Spaß. Denn dann liegen vor den Produktionshallen nebenan die riesigen Apfelberge, aus denen die Traditionskelterer wieder viele kreative Gaumenschmeichler pressen und mixen werden.

Adresse Fliederstraße 2–4, 63486 Bruchköbel, www.walther-kelterei.de | ÖPNV Bus MKK 33 ab Hanau Freiheitsplatz bis Bruchköbel Gärtnerei | Anfahrt A66 Ausfahrt Hanau-Nord, B45 nach Bruchköbel Stadtmitte, über die Hauptstraße in die Bahnhofstraße zur Hammersbacher Straße | Tipp Mal richtig deftig essen? Das »Hasenpfeffer & Windbeutel« in der Ortsmitte bietet böhmische Spezialitäten.

20 Die Jupitergigantensäule

Deus ibi est

Die schlanke Buntsandsteinstele ist *der* Hingucker auf dem malerischen Dorfplatz von Butterstadt. Jupiter, von allen Göttern der Römer der oberste, galoppiert mit seinem stolzen Ross einen Giganten zu Boden. In der damaligen Provinz Obergermanien waren diese Säulen keine Seltenheit. Aufgestellt wurden sie meist zwischen 150 und 260 nach Christus als Zeuge der Gottverehrung, in aufrechtem Zustand hat in Deutschland allerdings keine überlebt.

Auch die Jupitersäule von Butterstadt wurde 1902 liegend in einem Feld gefunden und anschließend ins Museum nach Hanau gebracht. Eine fatale Entscheidung, denn dort fiel sie dem Bombenhagel des Zweiten Weltkriegs zum Opfer. Aus alten Beschreibungen und Unterlagen wurde eine Replik gefertigt, seit Mai 2006 strahlt der Dreizack des Göttervaters nun wieder in der Sonne, fast fünf Meter hoch und auf allen möglichen anderen Göttern thronend, die auf einer Tafel neben der Säule einzeln erklärt werden.

Wer mit römischen Gottheiten nichts anfangen kann, weil zu martialisch oder zu lange her, sollte einen Abstecher in den Frankfurter Stadtwald unternehmen. Dort steht am Tiroler Weiher zur Verhohnepipelung des allmächtigen Jupiters eine etwas andere Gigantensäule. Und zwar zu Ehren des Grüngürteltiers. Diese freundliche Mixtur aus Wildschwein, Molch und Vogel ist eine Kreation des Frankfurter Künstlers Robert Gernhardt, mit dem der grüne Ring aus Feldern, Wald und Wiesen rund um die Großstadt beworben werden soll. Statt über irgendwelchen Götzen-Antlitzen hat es sich der offenbar atheistische Wolpertinger hier auf einem dicken Büschel Gras gemütlich gemacht, und niedergaloppiert wird hier schon gleich gar niemand. Da die beiden Säulen nur etwa 40 Kilometer auseinanderliegen, kann im Rahmen eines gemütlichen Fahrradausflugs über Grüngürtel und Hohe Straße geklärt werden, welche dem persönlichen Geschmack denn eher entspricht.

Adresse Ortsstraße, 63486 Bruchköbel-Butterstadt | ÖPNV ab Bruchköbel Bahnhof Bus 563 bis Butterstadt Antoniterstraße | Anfahrt A66 Hanau-Nord, auf B45 Richtung Friedberg, hinter Rossdorf rechts und Schildern folgen | Tipp Oberhalb von Butterstadt haben auf der Himmelsschaukel an der Hohen Straße Erwachsene genauso viel Spaß wie Kinder.

21 Der Fliegerhorst

Zurück zur Natur

1940 war Hermann Göring zu Gast auf dem Luftwaffenstützpunkt, 1963 John F. Kennedy. Schon daran lässt sich die wechselvolle Geschichte des Militärflughafens ablesen, dessen Standort westlich von Langendiebach eher zufällig durch eine Notlandung 1935 entdeckt wurde. Kurz vor Beginn des Zweiten Weltkriegs waren die Bauarbeiten fertig, in den Jahren darauf wurden auf dem Gelände hauptsächlich Flieger repariert und umgebaut sowie Piloten geschult. Von den Alliierten ist der Fliegerhorst im Krieg erst erstaunlich spät entdeckt worden, dazu dürfte ein Fake-Flughafen bei Mittelbuchen beigetragen haben. Dort hatte man zur Verwirrung der Angreifer eine Landebahn mit Leuchtfeuer, Baracken und sechs hölzernen Flugzeugen nachgebaut. Ab 1944 häuften sich dann aber doch die Angriffe auf das Gelände, das Ende März 1945 schließlich von amerikanischen Truppen eingenommen wurde.

Die erkannten schnell die strategische Lage in nicht allzu weiter Entfernung zur Zonengrenze und rüsteten »Airfield Y-91« im Kalten Krieg mächtig auf. Neben Kurzstreckenraketen befanden sich im Sondermunitionslager – nur vier Kilometer von der Hanauer Stadtmitte entfernt – wohl auch Atomsprengköpfe und andere Scheußlichkeiten. Glücklicherweise musste bis zum Abzug der mehreren tausend Amerikaner 2007 nie auf das Waffenarsenal zurückgegriffen werden.

Nach der militärischen Nutzung schlossen sich die Städte Erlensee und Bruchköbel zu einem Zweckverband zusammen und kauften der Bundesanstalt für Immobilien das riesige Gelände ab. Im südlichen Teil sind Logistikzentren und Kleingewerbe entstanden, das nördliche Areal darf die Natur zurückerobern. Weite Teile können wegen Explosionsgefahr nicht betreten werden – und so fliegen statt Düsenjägern heute völlig ungestört Schwarzkehlchen und Blauflügelige Ödlandschrecken über das Gelände. Es darf ja auch mal Geschichten mit Happy End geben.

Adresse Zum Fliegerhorst, 63526 Erlensee | ÖPNV ab Hanau Freiheitsplatz mit Bus MKK 54 und MKK 30 über Rückingen Limeskreisel bis Fliegerhorst Tower | Anfahrt A66 Ausfahrt Erlensee, Beschilderung Fliegerhorst folgen | Tipp Mehr über die Erlenseer Stadtteile Langendiebach und Rückingen gibt's im Heimatmuseum in der hübschen Wasserburg Rückingen.

22 Die Birkenhainer Straße

Räuberroute

Früher war der Spessart ein gefährliches Pflaster. Diebesbanden lauerten in den dichten Wäldern Durchreisenden und Transporten auf. Richtig prominent wurde die Thematik im frühen 19. Jahrhundert durch Wilhelm Hauffs Erzählung »Das Wirtshaus im Spessart«.

Besonders geeignet für Überfälle aller Art war die Birkenhainer Straße, ein alter Handelsweg von Hanau nach Gemünden am Main, Teil der Fernverbindung Wien–Amsterdam. Vorteil: wesentlich kürzer als am Fluss über das Mainviereck Aschaffenburg–Miltenberg–Wertheim. Nachteil: kaum Dörfer, dafür jede Menge Räuber. Und so reiste bei jedem Ritt und jeder Fahrt über diese Autobahn des Mittelalters die Angst mit, dass hinter dem nächsten Baum ein paar kompromisslose Burschen lauern könnten. Oft blieb den Spessarträubern nichts anderes übrig, als sich durch Diebereien über Wasser zu halten. Denn wer einmal auf der Straße war, seinen Hof verloren oder desertiert hatte, fand keinen Weg mehr zurück in die Gesellschaft.

Heute ist die Birkenhainer Straße ein 71 Kilometer langer Wanderweg, der durchgehend mit einem schwarzen B auf weißem Grund markiert ist. Er startet am Hanauer Neuwirtshaus, verläuft meist höhehaltend durch menschenleere Gegenden und verlässt Hessen endgültig am Gasthaus Bayrische Schanz. Wer Schatten, Ruhe und viel, viel Einsamkeit mag, wird kaum eine idealere Route finden. Und bewaffnete Überfälle finden jetzt nur noch auf Verlangen statt. Sowohl auf hessischer als auch auf bayrischer Seite gibt es buchbare Ensembles, die räuberische Attacken simulieren. Wer auf derartigen Mummenschanz nicht steht, wird mit einem anderen »Spessarträuber« vielleicht glücklicher – dem gleichnamigen Halbbitter mit 19 Kräutern aus heimischer Produktion. Der erleichtert in einer Schänke den Geldbeutel höchstens um zwei, drei Euro, den Magen nach einem deftigen Mahl aber ganz sicher von Völlegefühl.

Adresse Start auf hessischer Seite in Hanau-Neuwirtshaus, endgültig in Bayern ab Gasthof Bayrische Schanz bei Lohrhaupten | Tipp Wer alle vier Etappen laufen will, sollte im Vorfeld die Übernachtungen klarmachen, arg viel Auswahl gibt es nicht.

23 Die Hermannskoppe

Das ist ja wohl der Gipfel!

Ob auf fränkischer oder hessischer Seite, der Spessart präsentiert sich als eher sanfthügeliges Mittelgebirge. Steile Hänge und schroffe Felswände sind nicht so sein Ding, dementsprechend bescheiden lesen sich die höchsten Erhebungen: Geiersberg, 586 Meter, Lärchhöhe, 573 Meter, Hohe Warte, 572 Meter, allesamt in Bayern. Der höchste Berg im hessischen Spessart folgt auf Platz vier und kann immerhin mit 567 Metern glänzen, die Hermannskoppe. Bayern ist zwar auch wieder nur einen Steinwurf entfernt, aber das ändert nichts an der territorialen Zugehörigkeit zum Gemeindegebiet von Flörsbachtal.

Ihre mangelnde Höhe macht die Hermannskoppe durch ein mächtiges Gipfelkreuz wett. Außerdem sorgt der niedrige Bewuchs dafür, dass sich der Wanderer tatsächlich wie auf einer Bergspitze vorkommt, fast ein bisschen so, als hätte er in den Alpen die Waldgrenze überwunden. Dass auf dem Gipfel kaum mehr Bäume stehen, liegt aber weder am rauen Klima noch an der dünnen Luft, sondern am Orkan Kyrill, der im Januar 2007 große Schäden angerichtet hat. Mehr Infrastruktur als Kreuz, Bank und Schild hat der höchste Berg im hessischen Spessart nicht anzubieten, es sei denn, es liegt Schnee. Dann werden rund um die Hermannskoppe wunderschöne Loipen präpariert, Länge zwischen fünf und 15 Kilometer, Einstieg am Wald der Stille oder am Wanderparkplatz Bayrische Schanz. Und dann spielt der Spessart seine große Stärke aus, denn er ist zwar nicht das höchste Mittelgebirge, aber doch das größte zusammenhängende Waldgebiet Deutschlands. Und wer an einem klaren Wintertag auf dem Langlaufski durch die einsame Landschaft stapft, kann auf Schwarzwald oder Alpen locker verzichten.

Ach, übrigens: Der höchste Berg des Main-Kinzig-Kreises ist nicht die Hermannskoppe, sondern der Haag bei Sinntal-Oberzell, noch fast 20 Meter höher. Der wird von den meisten aber schon der Rhön zugerechnet.

Adresse südöstlich von Flörsbachtal-Lohrhaupten | **ÖPNV** Bus MKK64 von Gelnhausen Busbahnhof bis Biebergemünd-Bieber Röhrig, von dort Anrufsammeltaxi nach Lohrhaupten und zu Fuß weiter. | **Anfahrt** A66 Ausfahrt Bad Orb/Wächtersbach, B276 Richtung Lohr, hinter Kempfenbrunn links, in Lohrhaupten Richtung Ruppertshütten, am Ruheforst parken | **Tipp** Fleisch und Wurst vom Metzger Weigand in Lohrhaupten mitnehmen. Topmoderner Laden und tolle Qualität.

24 Das Wiesbüttmoor

Sumpfige Seltenheit

Das kleine Naturparadies auf dem Sattel zwischen Flörsbach und Wiesen ist das höchstgelegene Moorgebiet im gesamten Spessart. Die sumpfige Hochebene mit ihrem niedrigen Bewuchs scheint von der Natur geformt zu sein, ist letztendlich aber doch durch Menschenhand entstanden. Denn das Moor konnte sich hier erst ausbreiten, nachdem im Spätmittelalter die umliegenden Wälder fielen und sich der Regen im Talgrund sammelte. Die Senke versumpfte, bis 1765 wiederum ein menschlicher Eingriff die Moorentstehung begünstigte. In diesem Jahr nämlich wurde der Wiesbüttsee aufgestaut. Ein Bieberer Bergmeister wollte mit dem Wasser die Pumpen und Belüftungsanlagen in den talwärts gelegenen Stollen antreiben – und schuf durch das stehende Gewässer in der Geländemulde oberhalb des Sees ideale Voraussetzungen für ein Moor. Wurzellose Moose siedelten sich an, die nach oben weiterwachsen und unten absterben. So entsteht im Lauf der Jahrhunderte Torf, Bäume und andere Pflanzen meiden diesen Standort, weil er zu nass und zu nährstoffarm ist. Auf einer Länge von knapp zwei Kilometern hat sich in der Talsohle eine bis zu zwei Meter dicke Torfschicht ausgebreitet.

Heute ist das Wiesbüttmoor die Heimat für viele seltene Tiere und Pflanzen. Wollgras und Binsen fühlen sich genauso wohl wie der Sonnentau, der es mit seinen klebrigen Tropfen auf Insekten abgesehen hat. Der Graureiher ist fast immer da, auch Eisvögel sind regelmäßig zu beobachten. Und wenn es im Gebüsch raschelt, kann das gut eine Kreuzotter sein. Viel Glück braucht man, um die seltene Arktische Smaragdlibelle zu entdecken, die gut an ihren zwei gelben Punkten am Hinterleib zu erkennen ist. Den besten Blick aufs Moor haben Besucher von einem kleinen Steg, der von den Wanderwegen einen knappen Kilometer hinter dem Parkplatz am See links abzweigt. Aber schön leise, um die scheuen Moorbewohner nicht zu stören!

Adresse an der L 2905 Flörsbach–Wiesen | ÖPNV Bus MKK 64 ab Gelnhausen Bahnhof bis Flörsbach Rathaus, weiter etwa 45 Minuten zu Fuß | Anfahrt A66 bis Bad Orb/Wächtersbach, über B276 nach Flörsbach, dort rechts Richtung Wiesen | Tipp In der Gegend sollte man dringend eine Spezialität aus dem Wiesener Brauhaus probieren, in Flörsbachtal zum Beispiel in der Ziegelhütte oder der Vesperstube Mosborn.

25 Das Bergdorf Spessart

Luft und Luxus

Hier, wo der hessische Spessart am schönsten ist, brummte vor einigen Jahrzehnten der Tourismus. Die Zimmer der Gasthöfe und Privatvermieter waren voll, gerade die Menschen aus dem Ruhrgebiet schätzten die frische Luft und die Ruhe im abgelegenen Tal des Lohrbachs. Obwohl die Nächtigungen irgendwann deutlich zurückgingen, schlummerte im Hinterkopf von Erich Köhler schon lange die Idee eines Feriendorfs in seiner Heimat.

Viele Jahre hat der gesellige Malermeister Ideen gesammelt, bis er sich schließlich entschied, mit Familie und Freunden am sonnigsten Hang über Lohrhaupten zu investieren. Wer im ersten Gang die steile Zufahrt gemeistert hat, wird sich die Augen reiben: Acht edle Chalets im alpenländischen Stil erwarten die Gäste, schnörkellos, aber doch gemütlich. Dass Köhler ein Faible fürs Tiroler Pitztal hat, ist unübersehbar. Sieben Häuser sind mit privater Sauna ausgestattet, zwei sind barrierefrei, auch der Zugang zum gemeinsamen Grillplatz ist für Menschen mit Handicap trotz der Hanglage gut zu meistern. Von den großen Balkonen und Terrassen bietet sich ein herrlicher Blick übers Dorf auf viel, viel Grün. Die gesamte Anlage wurde von Unternehmen aus der Region gebaut und war kurz vor Weihnachten 2020 fertig. Seitdem sind die Unterkünfte so gut gebucht, dass Köhlers Plan, sie notfalls als Wohnhäuser zu vermieten, obsolet wurde.

Rund um das Feriendorf finden Urlauber mehrere hundert Kilometer Wanderwege, Mountainbike-Strecken, gemütliche Gasthöfe und im Sommer ein niemals überfülltes Freibad. Selbst Einkaufsmöglichkeiten bietet der Ort mit einer Metzgerei und dem kleinen Dorfladen. Und wer weiß, was die Zukunft noch bringt? Urlaub in Deutschland liegt wieder im Trend – und vielleicht kann Lohrhaupten auch durch Köhlers Impuls irgendwann wieder an die glorreichen Zeiten anknüpfen? Frische Luft und Ruhe gibt's immer noch genügend.

Adresse Oberer Friedrichsberg 23–29, 63639 Flörsbachtal-Lohrhaupten, www.bergdorf-spessart.de | ÖPNV ab Gelnhausen Busbahnhof mit Bus MKK 64 nach Lohrhaupten Post | Anfahrt A66 bis Bad Orb/Wächtersbach, B276 durch Biebergemünd und Flörsbachtal, hinter Kempfenbrunn links nach Lohrhaupten | Tipp Im benachbarten Frammersbach können sich Downhiller und Freerider an Lifttagen ganz bequem von einem Schlepplift auf den Berg ziehen lassen.

26 Die Sonnenhänge

Beste Aussichten

Mehr als 80 Prozent des Spessarts bestehen aus Wald. Beste Voraussetzung also für Wanderer, die an heißen Sommertagen schattige Routen suchen, davon gibt's hier mehr als genug. Schwieriger wird's, sonnendürstend an den ersten warmen Frühlingstagen einen passenden Weg zur maximalen Vitamin-D-Versorgung zu finden. Also ab nach Lohrhaupten!

Rund um das einsame Dorf am Lohrbach breiten sich auffallend großzügige Felder aus, die sich über einen bezaubernden Rundweg erkunden lassen. Los geht es an der Übersichtskarte in der Ortsmitte, von hier aus ist die gesamte Route bestens ausgeschildert. Direkt hinter der Kirche gewinnt der Wanderer schnell an Höhe und erreicht durch ein Waldstück das Gelnhäuser Tal. In einem sanften Bergauf und Bergab wird Lohrhaupten westlich umrundet, nicht immer auf dem kürzesten Weg, aber auf dem idyllischsten. Nachdem die Straße Richtung Pfaffenhausen überquert ist, folgt der schönste Teil der 16 Kilometer langen Route: über weiche Wiesenwege geht es im Zickzack über die Höhe, Grashalme streicheln die Beine, der Blick schweift in alle Richtungen. Spätestens hier entdeckt jeder seine Liebe für den Spessart und hat die lange Anreise vergessen (das kann man so pauschal sagen, denn Lohrhaupten liegt einfach in der Nähe von gar nichts!). Nach der Kreuzung einer weiteren Landstraße geht es ein paar Schleifen durch den Wald, ehe sich über den Südosthang wieder die Aussicht aufs Dorf auftut und der Streckenverlauf auf der Zielgeraden dem Tal zustrebt.

Von den sieben Routen, die im Main-Kinzig-Kreis vom deutschen Wanderinstitut als »Premium-Wanderweg« ausgezeichnet wurden, bieten die Sonnenhänge Lohrhaupten mit 73 Prozent die höchste Quote an naturnaher Wegstrecke an. Über diese unbekannte Wanderung in einem der entlegensten Winkel des Spessarts freut sich also nicht nur der winterfahle Teint, sondern definitiv auch jedes Gelenk!

Adresse Start am Gelnhäuser Tal, 63639 Flörsbachtal-Lohrhaupten | **ÖPNV** ab Gelnhausen Busbahnhof mit Bus MKK 64 nach Lohrhaupten Post | **Anfahrt** A66 bis Bad Orb/Wächtersbach, B276 durch Biebergemünd und Flörsbachtal, hinter Kempfenbrunn links nach Lohrhaupten | **Tipp** Die komplette Übersicht über alle Spessartfährten und -spuren gibt es unter www.spessart-tourismus.de/wandern.

27 Die Hessenkurve

Grenzerfahrungen

Dieses unscheinbare Stück Straße war jahrzehntelang der Star aller Kuriositätenliebhaber im föderal gegliederten Deutschland. Denn die Staatsstraße 2305 verlief beim Obsthof Dirker auf knapp 500 Meter Länge im bayrischen Kahlgrund über hessisches Territorium. Und dieser seltsame Grenzverlauf sorgte verwaltungstechnisch für allerlei Besonderheiten, gerade bei Verstößen gegen die Straßenverkehrsordnung. Dazu war nämlich irgendwann ein komplizierter Staatsvertrag ausgearbeitet worden, welcher besagte, dass Verwarnungsgelder für bis zu 19 Kilometer Geschwindigkeitsübertretung an die bayrischen Behörden gezahlt werden mussten, Bußgelder hingegen, also Strafzahlungen für 20 Kilometer zu schnell und mehr, ans Regierungspräsidium nach Kassel gingen. Ähnlich verhielt es sich in puncto Unfällen: Bei einem normalen Crash kam die Polizei aus Alzenau, war bei der Karambolage aber zusätzlich Alkohol im Spiel, gingen die Ermittlungen an die Staatsanwaltschaft aus dem hessischen Hanau über.

Auf dem benachbarten Fußballplatz hatte der hessische Zipfel im Tal der Kahl zur Folge, dass die Kicker vom FV Viktoria 1930 Brücken lange Zeit eigentlich nie ein wirkliches Heimspiel austragen konnten. Denn während ihr Vereinsheim wie das gleichnamige Dorf in Bayern lag, war der Fußballplatz hessisch.

Das war zwar alles sehr kauzig und sonderbar, aber gleichzeitig auch nicht besonders praktisch. Deswegen einigten sich die beiden beteiligten Bundesländer 2011 auf einen Flächentausch: Die Landzunge mit Straße und Geiselbachmündung ging an Bayern, Hessen bekam im Gegenzug ein Stück Wald weiter oberhalb zugesprochen. Und hat mit 1,8 Hektar Zuwachs den besseren Schnitt beim Tauschgeschäft gemacht. Schade hingegen für die Autofahrer – denn für die sind die Zeiten vorbei, als sie schon am Absender des Bußgeldbescheids erkannten, ob es verkraftbar oder richtig teuer wird.

Adresse Alzenauer Straße 108, 63776 Mömbris | **ÖPNV** Kahlgrundbahn bis Niedersteinbach, circa 500 Meter zurück an der Landstraße | **Anfahrt** A45 bis Alzenau-Nord, dort Richtung Mömbris, die Kurve liegt circa zwei Kilometer hinter Michelbach | **Tipp** Abgesehen von Dirkers Bränden gibt's in verschiedenen Weingütern rund um Alzenau auch den nordwestlichsten Frankenwein zu kaufen. Schmeckt!

28 Die Freigerichter Kleinbahn

ÖPNV a. D.

Jahrzehntelang lag es voll im Trend, Bahnstrecken stillzulegen, durch Busverbindungen zu ersetzen oder die Leute gleich ganz ins private Auto zu nötigen. Jetzt redet jeder von der Verkehrswende und wäre wohl froh, wenn ein paar praktische Direktverbindungen noch bestünden. Zum Beispiel die »Bembel«, wie die Freigerichter Kleinbahn im Volksmund hieß, die in einem großen Bogen durch den Vorspessart die Menschen über Langenselbold oder Gelnhausen zur Hauptverkehrsstrecke Frankfurt–Fulda brachte. Dabei hatte 1904 alles so hoffnungsvoll angefangen. »Gefühle des Dankes, der Lust und der Freud / von Herzen wir bringen entgegen / den Herren, die heut durch die Bahn uns erfreut /, die bringen soll Glück uns und Segen.« Mit diesen Worten eines Schulmädchens wurde die Strecke eröffnet, die in Spitzenzeiten fast 700.000 Fahrgäste im Jahr anlockte. Und nicht nur Menschen, auch Güter wurden transportiert. Kalk, Ton, Kohle, Sand, Holz – und natürlich Zigarren. Denn das Freigericht war lange Zeit eine Hochburg der Tabakverarbeitung. 1919 wurden in 26 Fabriken 1,2 Millionen Zigarren pro Woche gewickelt.

Nach dem Zweiten Weltkrieg wollten immer weniger Menschen mit der Freigerichter Kleinbahn fahren. Das Aus für die Personenbeförderung kam schon 1955. Acht Jahre später wurde auch der Gütertransport auf der 20 Kilometer langen Strecke eingestellt. Eins der wenigen Relikte, die noch an die Geschichte der »Bembel« erinnern, ist der kleine Bahnhof von Gelnhausen-Hailer, der heutzutage ein bisschen verloren in einem Wohngebiet herumsteht. Außerdem natürlich das nachgebaute Modell mit allen zwölf ehemaligen Haltestellen im Heimatmuseum Somborn. Schön, aber was ist jetzt mit der Verkehrswende? Na ja, immerhin ist auf weiten Teilen der ehemaligen Eisenbahntrasse ein komfortabler Radweg entstanden. Und wer den rege nutzt, leistet ja auch ohne Bahn seinen Teil zur CO_2-Reduktion.

Adresse der Bahnhof vom Foto: Jahnstraße in 63571 Gelnhausen-Hailer | ÖPNV ab Gelnhausen Bahnhof Bus MKK 61 bis Gelnhausen-Hailer Jahnstraße | Anfahrt A66 bis Gelnhausen-West, Richtung Hailer, bei der Aral am Ortseingang in die Karlsbader Straße, gleich rechts in die Jahnstraße | Tipp Tortenfans sollten Hailer nicht verlassen, ohne sich bei »Alex backt's« auf der Hindenburgallee eingedeckt zu haben.

29 Der Kanalweg

Wonniger Wassergraben

Wer Südtiroler Waalwege oder Levada-Wanderungen auf Madeira mag, wird dieses kleine Wegstück am Ortsrand von Horbach lieben. Ein Teil des Nässlichbachs wird hinter der Kneipp-Anlage in einen Kanal geleitet, der einige hundert Meter lang bergseitig vom Hang, talseitig von einem Wall aus Bäumen und ruppigem Wurzelwerk begrenzt wird. Und genau über diesen kleinen Grat führt der Wanderweg, der mal balancierend, mal baumumarmend bewältigt wird. Lang ist das Stück zwischen Wassertretbecken und dem Parkplatz bei der Freiwilligen Feuerwehr nicht, aber definitiv eine der schönsten Passagen aller Wanderrouten im Spessart.

Wer genügend Zeit für eine Halbtageswanderung mitbringt, kann am Ende des Kanalwegs der orange markierten Spessartfährte folgen. Sie führt über einen hübschen Pfad hangaufwärts, quert bald ein freies Feld und führt nach einem weiteren Waldstück zu den Angelteichen am Krötenbach. Kurz dahinter ist das sonnenreiche Hochplateau von Waldrode erreicht, wobei der Wanderweg den Ort links liegen lässt und immer weiter sanft bergauf strebt. Zur Talseite hin öffnet sich an dieser Stelle ein wunderschöner Blick über das Linsengerichter Becken auf die Barbarossastadt Gelnhausen. Nun aber genug gestaunt, kurz vor dem Ende der Rodungsinsel biegt die Spessartfährte rechts ab und führt über ein paar nicht ganz so spannende Forstwege wieder in den Nässlichgrund hinab.

Das letzte Highlight der Wanderung folgt nach einem knappen Kilometer in einem alten Steinbruch auf der rechten Hangseite: die Mariengrotte. Und zwar nicht irgendeine Mariengrotte, sondern eine, die durch ihre schiere Größe unmissverständlich klarmacht, dass man's im Freigericht mit dem Katholizismus immer noch sehr ernst meint. Und so geht es nach einem kleinen Stopp beseelt auf das letzte Stück des Wegs – ob nun durch Mariens Hülfe oder einfach nur aus Freude über dieses schöne Fleckchen Erde.

Adresse Start am Parkplatz Gondelteich, Geiselbacher Straße, 63579 Freigericht-Horbach | **ÖPNV** Bus MKK 53 ab Langenselbold Bahnhof bis Freigericht-Horbach Zur Kleinbahn | **Anfahrt** A66 bis Gründau-Rothenbergen, über Niedermittlau und Altenmittlau nach Horbach | **Tipp** Die katholische Dorfkirche Sankt Michael ist ein interessantes Denkmal des Neobarocks.

30 Das Kaufhaus Benzing

Alles unter einem Dach

Wo sich im Dorf die wichtigsten Straßen kreuzen, steht normalerweise eine Kirche, das Rathaus, vielleicht auch ein Gasthof. In Neuses besteht die Ortsmitte aus einem Kaufhaus, das in Relation zu den 2.500 Einwohnern schon als sehr, sehr groß bezeichnet werden kann. Ein Vollversorger auf drei Etagen, Rolltreppen, Fachabteilungen, Supermarkt, seit fünf Generationen im Familienbesitz, die sechste ist auch schon am Start.

Stellt sich die Frage, warum Benzing sich bis heute halten konnte, während die Kaufhäuser Joh in Gelnhausen und Langer in Schlüchtern aufgeben mussten. Wahrscheinlich wegen einer Kombination aus Geschick, Schlitzohrigkeit und Glück. Geschick bedeutet, dass sich die Benzings schon immer am Markt orientiert haben. Die Leiter der einzelnen Abteilungen entscheiden selbst über den Einkauf, denn niemand weiß besser als ein passionierter Wintersportler, welche Ski und welche Jacken gerade angesagt sind. Und wenn in Gründau ein Media Markt eröffnet, kommen Weißware und Großelektro ohne Sentimentalität raus, weil mit dessen Auswahl eh keiner mithalten kann. Ein bisschen Schlawinertum schwingt mit, wenn Senior Burkhard Benzing die Gemeinde überzeugt, den öffentlichen Parkplatz hinterm Haus mit Bäumen zu bestücken, wodurch er leider nicht mehr für ein Festzelt taugt und so ganzjährig seinen Kunden zur Verfügung steht. Und Glück war die Entscheidung – vor Corona –, den Supermarkt nicht dichtzumachen, der dann während der Pandemie zeitweise der einzige geöffnete Bereich war und das Kaufhaus rettete.

Bis heute strömen Alt und Jung zu Benzing, von der Uhrenbatterie bis zum Skiservice gibt es alles, dazu die angesagten Sneaker- und Modelabel. So sichert die Familie 60 Arbeitsplätze und erspart den Freigerichtern weite Einkaufsfahrten nach Hanau, Gelnhausen oder Aschaffenburg. Stationärer Einzelhandel mit Herz und Tradition – unbedingt unterstützenswert!

Adresse Kapellenstraße 2, 63579 Freigericht-Neuses | ÖPNV ab Bahnhof Langenselbold Bus MKK 53 bis Neuses Schulstraße | Anfahrt A66 bis Langenselbold, über Hasselroth und Somborn nach Neuses, Parkmöglichkeit hinterm Kaufhaus | Öffnungszeiten Mo–Fr 9–19 Uhr, Sa 9–18 Uhr | Tipp Das Hallenbad »Platsch« in Somborn bietet neben einem klassischen 25-Meter-Becken auch eine 35-Meter-Riesenrutsche.

31 Der Abenteuer-Golfplatz

Das Runde muss ins Runde

Wer Minigolf piefig und den echten Golfsport schickimicki findet, ist hier genau richtig. 18 Bahnen mit einer Länge von bis zu 25 Metern warten am Ortsrand von Haitz auf Hobby-Einlocher, die größte Anlage dieser Art in Hessen. Anspruchsvoll, aber nicht zu schwer, genau so wollte es Platzbesitzer Roland Rützel.

Nachdem er seine Anteile an einer Schlüchterner Schlosserei verkauft hatte, legte Rützel eine längere Orientierungsphase ein. Bei einem Urlaub an der Ostsee entdeckte er zum ersten Mal so einen Midi-Golfplatz und war sofort begeistert. Danach fuhr er ein Dreivierteljahr durch Deutschland, klapperte Kunstrasenanlagen von Süd nach Nord ab und sammelte Ideen. Als ihm schließlich das Gelände in Gelnhausen angeboten wurde, schlug er zu und verwirklichte 2015 seinen Traum.

Neben den Bahnen war dem Pitztal-Fan eine Gastronomie in Berghütten-Optik besonders wichtig. Denn die Gäste sollten nicht nur spielen, sondern sich wohlfühlen und ihre Partie auch gern mal für ein Pausen-Bierchen unterbrechen. Das ist besonders an heißen Tagen ratsam, denn die Anlage bietet wenig Schatten. Aber Bäume und Golf vertragen sich einfach nicht, einerseits schmoddern die Blätter alles voll, andererseits drückt das Wurzelwerk über kurz oder lang ungewollte Hügel in den Kunstrasen. Deswegen der Rat: Lassen Sie es gemütlich angehen, genießen Sie die Hindernisse, wie Brücken, Tunnel, Wassergraben oder Mühlrad, und ärgern Sie sich nicht, wenn der Ball nach zwei oder drei Schlägen noch nicht im Loch ist! Weil der Spaß nämlich im Vordergrund stehen soll, hat Rützel bei den Bahnen auf eine Par-Vorgabe ganz bewusst verzichtet. Und dass der damalige Bürgermeister am Tag der Eröffnung direkt auf der ersten Bahn ein Hole-in-one geschlagen hat, soll hier auch nicht als Druckkulisse, sondern vielmehr als gutes Omen für das Projekt Abenteuergolf in Gelnhausen verstanden werden.

Adresse Kremp'sche Spitze 20, 63571 Gelnhausen-Haitz, www.abenteuergolf-gelnhausen.de | **ÖPNV** ab Gelnhausen Bahnhof Bus MKK 61 bis Gelnhausen Taubengarten | **Anfahrt** A66 bis Gelnhausen-Ost, Richtung Stadtmitte, am Kreisel rechts nach Haitz, direkt an der Straße | **Tipp** Wer nur eine Kleinigkeit essen oder trinken möchte, ist in der gemütlichen Hütte ebenfalls willkommen.

32 Das begehbare Ohr

Lauschlulatsch

Natürlich ist Gelnhausen stolz auf einen der größten Söhne der Stadt – Philipp Reis, Erfinder des Telefons. Klar, dass dem Mann eine nicht unbedeutende Abteilung im Museum gewidmet werden muss, nur: wie? Einfach ein paar Modelle vom Holzfernsprecher bis zum Smartphone aufzustellen, erschien Leiterin Simone Grünewald zu trivial. Fasziniert vom Riesenmodell eines menschlichen Herzens in der Kinderakademie Fulda, kam sie auf die Idee des begehbaren Ohrs.

Kleine und große Besucher können das Hörorgan hautnah kennenlernen, indem sie durch eine überdimensionierte Ohrmuschel ins Innere klettern. Dort geht es rutschend vorbei am Trommelfell ins Mittelohr, wo über dem Kopf der Gehörgangentdecker ein riesiger modellierter Knochen die Schwingungen des Trommelfells auf einen Sensor überträgt, der die erzeugte Bewegung in Echtzeit in Licht- und Tonimpulse umsetzt. Sehr beeindruckend, und vom Prinzip her ähnlich aufgebaut wie der Fernsprecher, den Reis 1861 erstmals beim »Physikalischen Verein« in Frankfurt präsentierte. Wieder raus aus dem Organ, warten in der Experimentierstraße noch allerlei Überraschungen rund ums Hören und Telefonieren, und wer Lust hat, kann in einem Workshop sogar noch ein professionell abgemischtes Hörspiel aufnehmen.

Natürlich ist das Mega-Ohrwaschel der größte Hingucker im Gelnhäuser Museum, aber auch die anderen Räumlichkeiten sind für alle Altersklassen spannend aufgebaut. In Augenhöhe der kleinen Besucher erzählen Barbarossa, Grimmelshausen und der junge Philipp Reis kindgerecht über die Geschichte der Stadt, liebevoll illustriert von Zeichner Klaus Puth. Außerdem gibt es jede Menge Exponate zum Anfassen, Hören, Riechen und Mitmachen, an denen selbst die Erwachsenen viel Spaß haben werden. Der Besuch des Museums Gelnhausen ist nur mit einem Risiko verbunden: dass man jedes andere danach ganz schrecklich langweilig finden könnte.

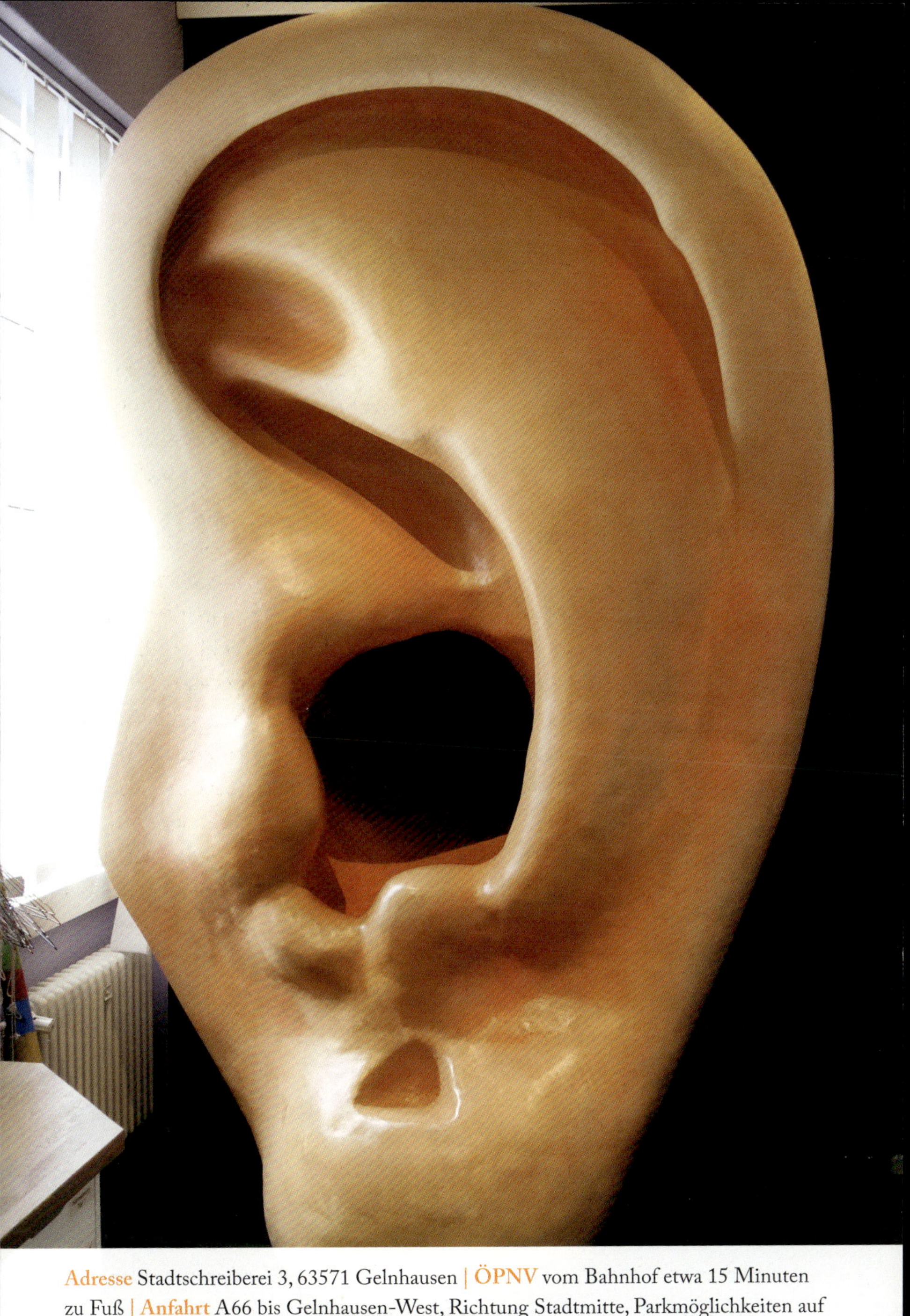

Adresse Stadtschreiberei 3, 63571 Gelnhausen | ÖPNV vom Bahnhof etwa 15 Minuten zu Fuß | Anfahrt A66 bis Gelnhausen-West, Richtung Stadtmitte, Parkmöglichkeiten auf dem Obermarkt | Tipp Lust, mal schick essen zu gehen? Das Restaurant Kaufmann's in Meerholz bietet exquisite Speisen in originellem Ambiente.

33_Der Engpass

Verkehr in jeder Hinsicht

»Von Leipzig an der Pleisse, bis Franckfurtt an den Main, wirds auf der gantzen Strasze die engste Stelle sein« – dieser Reim steht bis heute auf einem Haus in der Pfarrgasse. Nirgendwo war die alte Handelsstraße Via Regia zwischen Frankfurt und Leipzig schmaler als hier. Weil die Bewohner der Gasse in der engen Altstadt ihre Häuser immer weiter zur Straße hin vergrößerten, blieb am Ende ein nur drei Meter breiter Durchlass übrig. Das Ausmaß der Ladung auf den Wagen hatte sich nach diesem Nadelöhr zu richten. Damit es in Gelnhausen nicht zu Verstopfungen kam, wurde schon zu Beginn der Reise in Frankfurt oder Leipzig das Lademaß für die Pfarrgasse angelegt.

Die Barbarossastadt lebte gut davon, dass sie genau eine Tagesetappe von der Metropole am Main entfernt lag. Viele Reisende machten hier ihre erste Station. Beliebter Anlaufpunkt der Gäste war das Badehaus in der Petersiliengasse, direkt neben dem Engpass. Da kümmerten sich Bademägde um das Wohl der Kunden, das allerdings mehr aus Vereinigung als Reinigung bestand. Kurz gesagt: Das war ein Puff. Wobei die Mägde – auch Hübschnerinnen genannt – keinen schlechten Ruf hatten. Zum Teil wurden sie sogar von der Stadt engagiert, um die einheimischen Mädchen vor lüsternen Durchreisenden zu schützen.

Der Name der Gasse geht möglicherweise auf die aphrodisierende Wirkung des Küchenkrauts zurück. Nach dem Bade rasch die Lenden mit ein wenig Extrakt aus dem Peterlingstengel betupft, konnte das enthaltene Apiol beim anschließenden Vergnügen wahre Wunder vollbringen. Sehr viel grausamer ist die Wirkweise des Stoffs bei Frauen, hier begünstigt das ätherische Öl in hoher Dosierung den Abbruch ungewollter Schwangerschaften oder gar den eigenen Tod. Und so geisterte in dieser Zeit auch der makabre Spruch durch die engen Gassen Gelnhausens: »Petersilie hilft dem Mann aufs Pferd – der Frau aber unter die Erd'«.

Adresse Pfarrgasse, 63571 Gelnhausen | **ÖPNV** circa 15 Fußminuten vom Bahnhof | **Anfahrt** A66 Ausfahrt Gelnhausen-West, Richtung Innenstadt, am besten ins Parkhaus Stadtmitte | **Tipp** Unter dem Namen »Gelnhausen Go!« bietet die Stadt für Kinder- und Erwachsenengruppen Outdoor-Missionen im Stil einer Schnitzeljagd an. Big Fun!

34 Der Gasthof Zum Löwen

Rendezvous mit einem Unbekannten

Faust ist ein Mysterium. Niemand weiß genau, wann und wo er geboren wurde, selbst der Vorname des Wandermagiers steht nicht mit Bestimmtheit fest. Sicherer ist, dass er ab 1506 in etlichen Städten aufgetaucht ist, die Menschen faszinierte und die Kirche verärgerte.

Die erste und ausführlichste Quelle über einen Aufenthaltsort der späteren Tragödienfigur Goethes stammt aus Gelnhausen. Es ist ein Brief von Johannes Trithemius, der im Original bis heute in der Vatikanischen Bibliothek lagert. Darin schreibt der Kirchenmann an einen befreundeten Astrologen wenig schmeichelhafte Dinge über Faust. Er sei in der Stadt als schrecklicher Prahlhans aufgetreten, habe sich als der vollkommenste aller Alchemisten bezeichnet, sei schlussendlich aber doch nur durch Frechheit und Nichtsnutzigkeiten aufgefallen. Dazu muss man wissen, dass Faust und Trithemius gewissermaßen in Konkurrenz standen, denn auch der Verfasser des Briefes verstand sich als Magier, freilich von der guten Sorte, weil mit Unterstützung der Kirche. Zu Gesicht bekommen hat das klerikale Lästermaul seinen Widersacher allerdings nicht, denn »als er von meiner Anwesenheit hörte, floh er alsbald aus der Herberge«. Und diese Herberge ist der Gasthof Zum Löwen, der heute noch existiert.

Wenn es Faust wirklich gegeben hat, gehörten diese hektischen Ortswechsel zu seinem Leben. Denn wer seinerzeit als Wunderheiler und Hypnotiseur durch die Lande zog, hing quasi permanent schon mit einem Bein überm Scheiterhaufen. Belege für sein Wirken gibt es von Ingolstadt bis Bad Kreuznach und von Erfurt bis Staufen im Breisgau. Aber kein Bericht ist so ausführlich und konkret lokalisiert wie der über seine Station im Löwen von Gelnhausen. Und dass es trotz dieser eindeutigen Schilderung kein persönliches Treffen von Trithemius und Faust gegeben hat, macht den Mythos um den rätselhaften Gelehrten nur noch größer.

Adresse Langgasse 28, 63571 Gelnhausen, www.hotel-und-restaurant-zum-loewen.de | **ÖPNV** circa zehn Minuten zu Fuß vom Bahnhof | **Anfahrt** A66 bis Gelnhausen-West, Richtung Stadtmitte, nächster Parkplatz an der Berliner Straße | **Tipp** Eine der schönsten Gassen der Altstadt ist das »Höfchen«, der Durchgang vom Untermarkt zur Marienkirche.

35 Das Gelnhäuser Männchen

Aberglaube oder Humor?

Wer sich der imposanten Marienkirche von der Kirchgasse her nähert, hebe den Blick! Oben im Spitzbogenfries schaut eine Figur auf die Menschen hinab und beflügelt seit Jahrhunderten die Phantasie. Der Sage nach haben sich die Bauleute ausgerechnet bei den Bögen des gotischen Messwerks verrechnet und mussten einen schmaler gestalten als alle anderen. Da soll ein Geselle auf die Idee gekommen sein, genau in diesen Bogen ein Männchen zu setzen, das die zu klein geratene Arkade scheinbar auseinanderdrückt und nur noch nicht ganz damit fertig geworden ist.

Nette Idee, aber vermutlich nicht der wahre Grund für die verbockte Geometrie.

Viel wahrscheinlicher ist, dass der kleine Fehler mit Absicht gemacht wurde. Man findet solche scheinbaren Missgeschicke an vielen Kirchen, sollen sie doch ausdrücken, dass allein Gott in der Lage ist, Perfektes zu schaffen. Für diese Theorie spricht, dass das Gelnhäuser Männchen in der nordöstlichen Ecke des Gebäudes angebracht wurde. Jede Himmelsrichtung hatte im Mittelalter eine bestimmte Bedeutung: Aus dem Osten wurde das Heil erwartet, weil dort die Sonne aufging, der Norden stand für Dunkelheit und Kälte. Also musste nach damaliger Logik eine geisterabwehrende Figur idealerweise in der Richtung angebracht werden, in der diese zwei Symboliken aufeinandertrafen.

Ich finde ja, dass dieses Männchen weder so aussieht, als drücke es die Bögen auseinander, noch als könne es Dämonen vertreiben. Mir kommt da ein ganz anderer Verdacht: Erstens ist es ganz offensichtlich unbekleidet, zweitens rennt es, und drittens schaut es frech. Es könnte sich also um die früheste bildliche Darstellung eines Flitzers handeln. In der Sporthistorie wird erstmals 1974 bei einem Rugby-Spiel von einem nackten Störer auf dem Rasen berichtet. Möglicherweise muss die Geschichte durch meine investigative Recherche in Gelnhausen umgeschrieben werden.

Adresse Kirchgasse 1, 63573 Gelnhausen | **ÖPNV** zehn Minuten zu Fuß vom Bahnhof | **Anfahrt** A66 Ausfahrt Gelnhausen-West, Richtung Stadtmitte, Parkhaus Stadtmitte | **Tipp** Bei einem Altstadtbummel vom Obermarkt auch mal die Holzgasse hinauflaufen zum Inneren und Äußeren Holztor, sehr sehenswerte Ecke.

36_Der Hexenturm

Gruselgemäuer

24 Meter hoch, neun im Durchmesser, dazu Mauern von 2,80 Meter Dicke – was für ein Verteidigungsbollwerk! Rund noch dazu, denn es hatte sich herausgestellt, dass feindliche Geschosse an gekrümmten Mauern eher abprallten als einschlugen, deswegen hatte man für den mächtigen Turm am Südostzipfel der Gelnhäuser Altstadt diese Form gewählt.

Später stellte sich heraus, dass man aus Gebäuden, in die man schwer hereinkommt, auch nur schwer wieder herauskommt. Deswegen eignete sich das Bauwerk in den dunkelsten Zeiten der Gelnhäuser Stadtgeschichte hervorragend für die Verwahrung vermeintlicher Hexen bis zu ihrem Prozess. Über 50 Frauen, aber auch Männer und Kinder, denen man Zauberei oder einen Bund mit dem Teufel vorwarf, dämmerten im ehemaligen Munitionskeller fensterlos ihrer Verhandlung entgegen. Die endete so gut wie immer auf dem Scheiterhaufen, zur Not mit einem unter Folter erzwungenen Geständnis. Die schrecklichen Szenen rund um den Turm, das Gegreine aus der Dunkelhaft blieben natürlich auch den Nachbarn nicht verborgen. Einen ganz besonders guten Blick auf den Knast hatte Familie von Grimmelshausen aus ihrem Haus in der Schmidtgasse 12. Es ist davon auszugehen, dass der spätere Schriftsteller Hans Jakob Christoffel von Grimmelshausen in seiner Kindheit und Jugend ziemlich genau mitbekommen hat, was im benachbarten Turm abging. Wer seine Werke mit diesem Hintergrundwissen liest, findet immer wieder Anspielungen auf die grausigen Erlebnisse seiner Kindheit in Gelnhausen.

Heute erinnert die eindrucksvolle Skulptur »Die Rufende« der Künstlerin Eva-Gesine Wegner vor dem Hexenturm an das Schicksal der zu Unrecht verurteilten und getöteten Menschen. Und gemahnt uns, nie wieder in Zeiten zurückzufallen, in denen ein bloßes Gerücht genügt hat, um sich der vielleicht nicht ganz an die spießige Norm angepassten Mitbürger auf brutalste Weise zu entledigen.

Adresse Am Fratzenstein, 63571 Gelnhausen | **ÖPNV** fußläufig vom Bahnhof zu erreichen | **Anfahrt** A66 bis Gelnhausen-West, Beschilderung Innenstadt folgen, Parkhaus Stadtmitte direkt gegenüber | **Tipp** Den schönsten Blick auf die historische Altstadt gibt es vom sogenannten »Halbmond« im Stadtgarten oberhalb des Zentrums.

37 Das »Living Room«-Haus

Erfolgreiches Schubladendenken

Seit 2004 stiehlt ein Neubau den Fachwerkhäusern in der Altstadt die Show: das umgangssprachlich »Schubladenhaus« genannte Gebäude mit seiner hellen Alu-Fassade und 52 Fenstern. Entstanden ist der Hingucker dort, wo früher das »Zitronenhäusje« gestanden hatte, ein gelb verputztes Hüttlein, errichtet aus dem Schutt des Dreißigjährigen Krieges. Platz für seinen Neubau hatte Architekt Götz Stöckmann also nicht besonders viel, dazu kamen auch noch Auflagen des Denkmalschutzes. Und so entstand in klassischer Giebelform auf nur 65 Quadratmetern die außergewöhnlichste Behausung im ganzen Kinzigtal.

Mittelpunkt des Erdgeschosses ist ein 40 Tonnen schwerer Sandsteinmonolith, auf dem der Esstisch steht. Die Küche, einen knappen Meter tiefer, bietet so wenig Platz, dass die Kaffeemaschine aus dem Boden gefahren kommt und nach getaner Arbeit dort auch wieder verschwindet. Ganz oben, unter dem spitzwinkligen Dach, verbirgt sich ein lichtdurchflutetes Arbeitszimmer, aber der größte Clou ist der Schlafraum im ersten Obergeschoss. Der komplette Bettbereich kann mit einem Elektromotor über Schienen meterweit ins Freie gefahren werden, der »Living Room« sieht dann aus wie eine überdimensionierte Kommode, in deren mittlerer Schublade der Besitzer einen freien Blick auf die Sterne genießt. Ohne dass ihn von unten dabei jemand sehen könnte.

Ansonsten hat sich Stöckmann an die neugierigen Blicke der Passanten gewöhnt. Reinschauen ist Teil seines Wohnkonzepts und bei knapp fünf Dutzend Fenstern auch nicht zu vermeiden. Ein bisschen Eitelkeit gehört bei dieser Wohnform schon auch dazu, gesteht der Hausherr. Es ist ihm auf jeden Fall gelungen, ein Gebäude zu schaffen, das zwar schlicht, aber doch von fast zeitloser Originalität ist. Und das in einer Ära, in der Geschmacksverirrungen wie runde Fenster, Sinnlossäulen und Lochblechverkleidungen noch an der Tagesordnung waren.

Adresse Kuhgasse 9, 63571 Gelnhausen | **ÖPNV** vom Bahnhof Gelnhausen etwa zehn bis 15 Minuten in die Stadtmitte | **Anfahrt** A66 Ausfahrt Gelnhausen-West, Richtung Stadtmitte, dort am besten ins Parkhaus Stadtmitte an der Barbarossastraße, fünf Minuten zu Fuß | **Tipp** Den besten Espresso nach einem Altstadtbummel gibt es bei Foraci's, einem wundervollen italienischen Feinkostladen am Untermarkt.

38__Der Ex-EU-Mittelpunkt

50° 10' 21" N, 9° 9' 0" O

Am 1. Juli 2013 hat Meerholz eine seiner wichtigsten Sehenswürdigkeiten verloren. Einfach so. Über Nacht. Und es gibt sogar einen eindeutig Schuldigen für diesen Verlust: Kroatien. Denn mit dem EU-Beitritt des Balkanstaats hatte sich der Mittelpunkt der Union ein Stück nach Südosten verschoben, auf eine feuchte Wiese bei Westerngrund-Oberwestern im Kreis Aschaffenburg. Aber auch dort währte die Freude nur kurz, denn mit dem Austritt Großbritanniens war der Titel 2020 auch schon wieder futsch und wanderte nach Gadheim bei Würzburg.

Weil es für die Mittelpunktberechnung verschiedene Herangehensweisen gibt, hat sich die EU darauf verständigt, der Methode und den Daten des nationalen geografischen Instituts Frankreichs zu vertrauen. Nach dessen Berechnungen ist das exakte Zentrum des Staatenbundes im Lauf der Jahrzehnte von Belgien über Rheinland-Pfalz und Hessen nach Unterfranken gewandert und hat am jeweiligen Ort ein Denkmal gesetzt bekommen.

In den sechseinhalb Jahren Meerholzer Mittelpunktgeschichte war der mediale Hype am Anfang riesig, einheimische Künstler fertigten einen Gedenkstein, bunte Fahnen wehten, Minister standen auf dem Acker, sogar das chinesische Fernsehen berichtete. Später ließ das Interesse nach, mittlerweile ist von Glanz und Gloria des Ex-Mittelpunktes, bis auf den künstlerisch bearbeiteten Rotsandstein am Boden, nicht mehr viel übrig. Neu entstanden ist dagegen ein 13 Kilometer langer Wanderweg von Meerholz nach Westerngrund, der auf gut gemachten Schautafeln die Staaten der EU vorstellt und Lust auf Europäische Fernwanderwege macht. So trauern die beiden Ortschaften zumindest vereint dem verlorenen Titel hinterher und hoffen vielleicht insgeheim auf eine EU-Erweiterung nach Nordwesten. Denn wenn sich Island und die Färöerinseln für einen Beitritt entscheiden sollten, ginge da vielleicht wieder was für den Spessart …

Adresse außerhalb von Meerholz, 63571 Gelnhausen | **ÖPNV** ab Gelnhausen Bahnhof Bus MKK 61 und 62 bis Meerholz Am Schwarzerlich | **Anfahrt** A66 Ausfahrt Gründau-Rothenbergen, nach Meerholz, über Wingertstraße und Im Börner zu Am Schwarzerlich, dort ins Feld und nach einem Anstieg rechts | **Tipp** Lust auf Entspannung? Das »Meer Spa« in Meerholz bietet von Massagen bis Sauna alles, was relaxt.

39 Das Papua-Museum

In eine fremde Welt

Es gibt Gegenden auf dieser Erde, die kaum ein Mensch kennt oder je bereist hat. Zu den unbekanntesten Destinationen gehört zweifelsohne Papua, der indonesische Teil der Insel Neuguinea. Hunderte Kilometer undurchdringliches Grün, kaum Menschen und schier unerklimmbare Berge. Die große Leidenschaft von Werner Weiglein.

Der ehemalige Arzt hat von mehr als 200 Reisen in die faszinierende Fremde über 800 Erinnerungsstücke mitgebracht. Vom Werkzeug über Wappenschilde bis zu Totenschädeln und einem Seelenboot sind Exponate aus allen Regionen der ozeanischen Rieseninsel dabei. Ohne Einflüsse von außen hat sich dort eine steinzeitliche Kultur bis heute gehalten – und genau diese einmaligen Zeugnisse will Weiglein bewahren und wissenschaftlich aufarbeiten. Denn seit seiner ersten Reise vor 50 Jahren hat ein Fortschritt, der in Europa Jahrtausende brauchte, viele Traditionen zerstört und Völker aus ihrer Isolation rasant in die Gegenwart katapultiert.

Viele Ausstellungsstücke erschließen sich dem Besucher nicht von allein, zumal auf Erklärungen fast vollständig verzichtet wird. Deswegen sollte sich jeder Gast Zeit nehmen und den abenteuerlichen Geschichten des Hausherrn lauschen. Wie ein Film Anfang der 1970er Jahre seine Begeisterung für diese fremde Welt entfacht hat. Wie er unter Kannibalen und Kopfjägern lebte. Und wie er mitten in den gewaltigen Jayawijaya-Bergen ein Ferienresort errichtet hat. Wer Gefallen an dieser fremden Welt findet, sollte das Kaffeehaus Indonesia neben Weigleins »Hotel am Palais« nicht verpassen. Dort wird den Gästen zwischen eigens eingeschifften Original-Bauteilen aus Java und Bali das Frühstück serviert. Ohne ins Flugzeug gestiegen zu sein, ist Südostasien hier ganz nah und Hessen schlagartig weit weg. Und man möchte dem Gastgeber dauernd danken, dass er einen mit diesem Gesamtensemble an seinem unglaublichen Leben teilhaben lässt.

Adresse Hanauer Landstraße 32, 63571 Gelnhausen, www.papua-museum.de | **ÖPNV** ab Gelnhausen Bahnhof Bus MKK 60, 61, 62 und 67 bis Gelnhausen-Meerholz Raiffeisenbank | **Anfahrt** A66 Ausfahrt Gelnhausen-West, Beschilderung nach Meerholz folgen, dort auf der Hauptstraße | **Tipp** Der Schlosspark und der hübsche Ortskern von Meerholz lohnen einen Bummel.

40 Die Freigericht-Seen

Da braucht man kein Meer mehr

Natürlich entstandene Seen existieren in Hessen kaum. Der größte ist wohl der Guckaisee in der Rhön, den man selbst sehr gemütlich schlendernd in zehn Minuten umrundet hat. Dafür kann das Bundesland mit umso mehr Stau- und Baggerseen aufwarten, von Letzteren gibt es sogar 14 Stück südöstlich von Hanau. Den höchsten Freizeitwert haben ohne Zweifel die Freigericht-Seen, die durch den Damm der Straße Hanau–Kahl in einen Ost- und einen Westteil getrennt werden. Außerdem verläuft die hessisch-bayrische Landesgrenze mitten durchs Wasser und sorgt dafür, dass der Westsee der drittgrößte im Main-Kinzig-Kreis, der Ostsee sogar die Nummer drei ganz Unterfrankens sein soll.

Entstanden sind die heutigen Touristenmagneten eher aus Nachlässigkeit. Nachdem am Ostsee 1932 und am Westsee 1940 der Braunkohleabbau beendet wurde, liefen die Tagebaulöcher mit Wasser voll. Innerhalb von zwei Jahren waren aus den ehemaligen Gruben Seen geworden, denen in Kriegszeiten aber zunächst niemand große Beachtung schenkte. Erst 1959 eröffnete auf hessischer Seite das Strandbad Spessartblick und drüben in Bayern ein Campingplatz. Die 900 Stellplätze sind mittlerweile fast schon ein eigenes kleines Dorf mit vielen, vielen Dauercampern, die ihre Wochenenden oder gleich ganze Urlaube am See verbringen. Mit Lebensmittelladen, Restaurant, Minigolfplatz, Wasser-Funpark und Stand-up-Paddle-Verleih gibt es bei schönem Wetter auch gar keinen Grund, das Gelände zu verlassen. Nicht zu vergessen natürlich das größte Pfund, das die beiden Gewässer zu bieten haben: 1,5 Kilometer feinsandiger Strand, am östlichen See sogar mit perfekter Ausrichtung auf sommerliche Sonnenuntergänge.

Fazit: »Wir brauchen keinen Club Méditerranée, wir ham doch unsern guten, alten DLRG. St. Tropez am Baggersee.« Die Rodgau Monotones haben es schon immer gewusst: Die wohnortnahe Sommerfrische lebe hoch!

Adresse Strandbad Spessartblick, See Freigericht West 2, 63538 Großkrotzenburg | ÖPNV Bus 566 ab Hanau Freiheitsplatz bis Großkrotzenburg Siedlung, dann 15 Minuten zu Fuß | Anfahrt A45 bis Alzenau-Nord, Richtung Großkrotzenburg, gut ausgeschildert | Öffnungszeiten unter www.strandbad-spessartblick.de | Tipp Eleganter als im Zelt schläft es sich im sympathischen Hotel Zeller in Kahl.

41 Das Kraftwerk Staudinger

Betonblickfang

Großkrotzenburg ist zwar eine der flächenkleinsten Gemeinden im Kreis, aber dennoch nicht zu übersehen. Ob aus einem Frankfurter Wolkenkratzer oder beim Anflug auf den Flughafen – das Kraftwerk Staudinger ist *die* qualmende Landmarke des östlichen Rhein-Main-Gebiets.

Seit 1965 wird hier aus Steinkohle Strom und Fernwärme produziert. Laut dem Europäischen Schadstoffregister liegt Staudinger auf Platz vier der deutschen Kraftwerke mit dem höchsten Kohlendioxidausstoß. Die schlimmsten Zeiten sind allerdings vorbei, denn drei der fünf Blöcke sind stillgelegt, ein mit Erdgas befeuerter dient nur noch zur Reserve in Spitzenlastzeiten – und auch der letzte Block soll 2025 vom Netz gehen.

Und dann? Dann soll nach und nach alles weg, die 130 Meter hohen Kühltürme, die fast doppelt so hohen Schlote und natürlich das riesige Kohlelager. Wenn das Konzept »Transformation Kraftwerk Staudinger« funktioniert, werden auf dem Gelände sieben große Rechenzentren entstehen. Platz für gigantische Serverhallen wird momentan händeringend gesucht, nach Hanau will auch Großkrotzenburg ein Stück vom IT-Infrastrukturkuchen abbekommen. Weil die Fernwärmeversorgung mit dem Abriss des Kraftwerks ein Ende hat, will die Gemeinde auf dem Areal zusätzlich aus Sonnenkollektoren und der Wärme des Flusswassers Heizmöglichkeiten generieren. Ob die Pläne alle aufgehen, steht noch in den Sternen. Klar ist aber, dass sich viel verändern wird. Weil dann der Begriff »Staudinger« irgendwann auch aus dem kollektiven Gedächtnis verschwindet, hier noch zwei Sätze Angeberwissen: Benannt wurde das Kraftwerk nach Hans Staudinger, sozialdemokratischer Abgeordneter in der Weimarer Republik und Aufsichtsratsvorsitzender der Preussag. Sein Bruder Hermann bekam 1953 den Nobelpreis für Chemie. Und wenn sie das nächste Mal über die Limesbrücke fahren, können sie mit dieser Geschichte auftrumpfen.

Adresse Kraftwerk Staudinger, 63538 Großkrotzenburg | **ÖPNV** ab Hanau Freiheitsplatz Bus 566 bis Großkrotzenburg Kraftwerk | **Anfahrt** B43a Ausfahrt Klein-Auheim, über die Limesbrücke, unübersehbar | **Tipp** Das »RadWerk« in Klein-Auheim erinnert mit einer spannenden Ausstellung an die Fahrräder und Mopeds der ortsansässigen Marke Bauer.

42 Das Milchkännchen-museum

Drinnen nur Kännchen

Welcher Sammler kennt das nicht? Zuerst brennt eine Leidenschaft, dann fängt alles mit ein paar einzelnen Stücken ganz unauffällig an, später wächst die Kollektion durch Ankäufe und Schenkungen – und irgendwann kommt der Moment, da man entweder aufhören oder ein Museum eröffnen muss. Nirava Silvia Becker entschied sich ungefähr beim 1.000. Milchkännchen, dass sie die kleinen Gefäße nicht mehr nur als Vase, Zahnputzbecher oder Hingucker in ihrer Küche verwenden, sondern ausstellen wollte.

So ist im Haus der ausgebildeten Künstlerin für bildhauerische Keramik das einzige Museum dieser Art weltweit entstanden. Rund 3.300 Exponate bieten in den kleinen Räumen des Fachwerkhäuschens einen beeindruckenden Anblick, bis unter die Decke präsentieren sich in den Regalen die bunten Krüglein, einem keramischen Wimmelbild gleich. Gegliedert hat Becker ihre Ausstellung nach Herkunft der Hersteller, mit dabei viele kleine Manufakturen, die es schon gar nicht mehr gibt. Auch Kuriositäten und Tinnef haben ihren Platz.

Gefäße für Lebensmittel und Wasser spielten in ihrer Kunst schon immer eine große Rolle, erklärt die Sammlerin. Ihre explizite Begeisterung für die Milchkännchen entspringt der Faszination für Milch als erste Grundnahrung eines jeden Menschen überhaupt und dem schützenden, bewahrenden Aspekt des umgebenden Gefäßes. Natürlich hat Nirava Silvia Becker ihr Museum 2019 deswegen auch am 1. Juni eröffnet, dem »Internationalen Tag der Milch«. Einige spezielle Marken fehlen der Sammlerin noch, deswegen sind Sachspenden durchaus willkommen, sofern die Kännchen noch nicht im Museum zu sehen sind. Und selbst wenn es ein Stück in ihrer Ausstellung schon geben sollte, die Geschichte dazu hört sie sich bei einem Kaffee auf der Terrasse auf jeden Fall gern an. Vermutlich trinkt sie ihn mit Milch …

Adresse Breite Straße 33, 63538 Großkrotzenburg | **ÖPNV** ab Hanau Freiheitsplatz Bus 566 bis Großkrotzenburg Mitte | **Anfahrt** A45 Ausfahrt Alzenau-Nord, Richtung Großkrotzenburg, im Ort über die Bahnhofstraße zur Breite Straße | **Tipp** Für Geo-Nerds: Einen kleinen Marsch mainaufwärts erreicht man bei der Mündung der Kahl den tiefstgelegenen Punkt Bayerns.

43 Das Römerkastell

Grenze trifft Fluss

Fast kerzengerade zieht sich der Limes von Welzheim im Schwäbischen Wald durch Berg und Tal über die Hohenlohe und den Odenwald nordwärts. Bei Miltenberg trifft der antike Sicherungswall auf den Main, der flussabwärts gut 60 Kilometer lang die Grenze zwischen Germanien und dem Römischen Reich darstellte. Und zwar genau bis Großkrotzenburg. Dort zweigt der Limes noch einmal nach Norden ab, macht bei Lich einen Knick Richtung Taunus und trifft kurz hinter Koblenz auf den Rhein. Vermutlich hatten es die Römer auf die fruchtbare Wetterau abgesehen und nahmen dafür den Abzweig von den großen Flüssen in Kauf.

Nun galt es, die nordmainischen Gebiete natürlich auch zu versorgen. Deswegen muss es ab dem 2. Jahrhundert unserer Zeit eine Brücke etwas westlich der heutigen Kirche in Großkrotzenburg gegeben haben. Eine von mindestens fünf, die aus der Römerzeit über den »Nassen Limes« mittlerweile nachgewiesen wurden. Arbeiter hatten beim Baggern ab 1895 Eichenpfähle im Fluss entdeckt, die anschließend auf ihr Alter untersucht wurden. Das erstaunliche Ergebnis: Sie stammten aus dem Jahr 134 nach Christus. Einige der Pfeiler mit eisernen Beschlägen sind im örtlichen Museum zu bestaunen.

Das liegt, wie der restliche Ortskern, auf den Grundmauern eines Römerkastells, in dem etwa 500 Mann gewohnt haben dürften. Noch heute verläuft das Straßenkreuz Kirchstraße/Breite Straße/Sackgasse auf den befestigten Wegen des alten Kastells. Neben dem Museum stehen die Reste des südwestlichen Eckturms, auch die südliche Mauer des Kirchhofs dürfte auf den Überbleibseln römischen Mauerwerks errichtet worden sein. Okay, zugegeben: Großkrotzenburg ist nicht Trier oder Köln, und Limesgeschichten elektrisieren hauptsächlich Altphilologen. Aber die Nummer mit den fünf Brücken ist schon erstaunlich. Gerade, wenn man bedenkt, dass es zwischen Hanau und Offenbach heute keine einzige mehr gibt!

Adresse Museum Großkrotzenburg, Im Römerkastell 2, 63538 Großkrotzenburg | ÖPNV Bus 566 ab Hanau Freiheitsplatz bis Großkrotzenburg Mitte | Anfahrt A45 bis Alzenau-Nord, Richtung Großkrotzenburg, rechts in die Lindenstraße, links in die Bahnhofstraße | Öffnungszeiten jeden 2. Sonntag im Monat 14–17 Uhr | Tipp Herrlichen Kuchen gibt's im Café Hüftgold, aber nur Mi–Fr 14–18 Uhr.

44 Der Basaltpfeiler

Schwebende Steine

Eine Seilbahn im Main-Kinzig-Kreis! Wovon mancher Ski-Freak an verschneiten Wintertagen auf den Spessarthöhen träumen mag, war viele Jahrzehnte lang Realität. Und das sogar auf einer Länge von sagenhaften 6,5 Kilometern. Allerdings hatte die Seilbahn keinerlei Freizeitwert. Denn sie war nicht für die Personenbeförderung gedacht, sondern für den Abtransport aus dem Steinbruch Breitenborn.

Ihre Aufgabe war es, das Basaltgestein aus dem schwer zugänglichen Tal zum Verarbeitungswerk nach Wächtersbach zu bringen. Dort befand sich der nächstgelegene Bahnanschluss, von wo die kostbaren Klumpen in alle Richtungen versandt werden konnten. Für den Transport in die Stadt wurde 1906 eine kühne Konstruktion in Betrieb genommen, die die Loren zuerst in 80 Meter Höhe über das Litterbachtal und anschließend durch den Büdinger Wald schweben ließ. Ende der 1970er Jahre wurde die Anlage eingestellt, weil ihre Kapazität nicht mehr ausreichte. Übrig geblieben ist von diesem Stück Industriegeschichte nur ein geheimnisvoller Turm südlich des Steinbruchs, natürlich aus Vogelsberger Basalt. Wer ihn finden will, folgt dem Waldweg an der ersten Schranke des Betriebsgeländes nach links und läuft etwa 500 Meter. Bei genauem Hinsehen über das Tal ist auf der gegenüberliegenden Hangseite sogar noch die Schneise zu erkennen, die die Seilbahn im Wald hinterlassen hat.

Heute übernehmen Lastwagen den Abtransport der Rohsteine – und da kommt aus Deutschlands größtem Basaltbruch einiges zusammen. In entsprechendem Zustand ist auch die Straße, die zum Werk führt. Nostalgiker, die sich das leise Surren der Seilbahn zurückwünschen, finden neben dem Stützturm noch eine weitere Pilgerstätte an der Ortseinfahrt nach Breitenborn. Dort erinnert eine Original-Lore an die Seilbahn, die mit ihrer ungewöhnlichen Länge jeden alpinen Wintersporttouristiker neidisch gemacht hätte.

Adresse Zufahrt zum MHI Natursteinwerk zwischen Breitenborn und Wittgenborn, Waldweg auf halber Höhe links, etwa 500 Meter zu Fuß, Werksgelände nicht betreten! | Tipp Abstecher in den Ortsteil Gettenbach, dem der dort ansässige Künstler Horst Melchert zahlreiche Kunstwerke im öffentlichen Raum spendiert hat.

45 Die Bergkirche

Eine für alle

Schon seit Jahrhunderten ist das mächtige Gotteshaus auf dem Schieferhügel im Nordosten Niedergründaus Treffpunkt der Gläubigen aller umliegenden Dörfer. Deswegen sucht man in den Gründauer Ortsteilen historische Kirchen vergebens, nur ein paar Gemeindezentren neueren Datums ersparen den Weg auf den Berg. Mit vier Pfarrstellen und fast 8.000 Mitgliedern ist die Gemeinde die größte der gesamten Landeskirche von Kurhessen-Waldeck.

Die spannendste Sehenswürdigkeit des ansonsten eher schlichten Bauwerks ist die Ratzmann-Orgel von 1839. Mit Beginn des neoklassizistischen Neubaus wurde die Orgelbauerfamilie aus dem thüringischen Ohrdruf beauftragt, die Kirche mit einem besonderen Instrument auszustatten. Der außergewöhnlich hohe Anteil an Holzregistern war eine mitteldeutsche Spezialität, ihr weicher und voller Klang verbindet sich für Kennerohren auf besonders harmonische Weise mit den übrigen Pfeifen aus Metalllegierung. Noch ungewöhnlicher ist die Position des Spieltischs. Nimmt der Organist normalerweise vor seinem Instrument Platz, sind Klaviaturen und Pedale hier mitten im Orgelgehäuse untergebracht. Außerdem kann davon ausgegangen werden, dass Wilhelm August, der jüngste der drei Ratzmann-Söhne, bei seiner Arbeit in Niedergründau bestens gelaunt war. Er hatte sich nämlich auf Montage in die örtliche Wirtstochter verliebt, mit der er später nach Gelnhausen zog und dort eine eigene Werkstatt eröffnete.

Wer der Orgel lauschen möchte, sollte sicherheitshalber nicht an einem Wochenende im April kommen. Da treffen sich einmal im Jahr vor der Bergkirche nämlich zwischen fünf- und zehntausend Biker zum traditionellen Anlassen und zu einem der größten Motorrad-Gottesdienste Deutschlands. Wobei das Wummern von ein paar dutzend Harleys im Zusammenspiel mit den 31 Ratzmann'schen Registern vielleicht sogar einen überraschend euphonischen Hörgenuss bietet.

Adresse Schieferbergstraße 33, 63584 Gründau | ÖPNV ab Gelnhausen Bahnhof Bus MKK 68 bis Niedergründau Mittelgründauer Straße | Anfahrt A66 Ausfahrt Gründau-Lieblos, B457 Richtung Büdingen, Ausfahrt nach Niedergründau | Tipp Das Heimatmuseum Niedergründau verteilt sich auf drei schöne Gebäude und öffnet jeden 1. Sonntag im Monat von 14–17 Uhr.

46 Der ehemalige Weinberg

Reben-Relikt

Römer + Sonne + Hang = Weinbau. So einfach war die Gleichung früher, und folglich reiften auf dem unverschatteten Westhang zwischen Marköbel und Langen-Bergheim jahrhundertelang die Trauben. Zeitweise sogar so viele, dass Marköbel mit gut elf Hektar die zweitgrößte Anbaufläche im ehemaligen Kreis Hanau hatte.

Tatsächlich waren es wohl die Eroberer aus Südeuropa, die vor knapp zwei Jahrtausenden damit begannen, in der Nachbarschaft des Limeskastells ihr Lieblingsgetränk zu kultivieren. Seit dem Mittelalter ist der Weinbau am Rande des Ronneburger Berglands beurkundet, das Vorgängergebäude des historischen Rathauses soll sogar einen eigenen Weinkeller gehabt haben. Noch 1830 sind nachweislich neue Reben gepflanzt worden. Doch schon gut fünfzig Jahre später machten Mehltau und Reblaus der önologischen Tradition den Garaus. Außerdem ließ sich mit Obstanbau und Landwirtschaft auf den bisherigen Rebflächen mehr Geld verdienen als mit Weintrauben.

Abgesehen davon sind über die Qualität eher fragwürdige Sagen überliefert. Es heißt, der Marköbeler Rebensaft sei ein derartiger Sauerampfer gewesen, dass er den Spitznamen »Drei-Männer-Wein« bekam. Einer, so geht das Gerücht, musste ihn trinken, ein anderer hielt ihn dabei fest, während der Dritte dafür sorgte, dass dem Opfer der Fusel eingeflößt wurde. Und so ist es vielleicht besser, dass außer dem Straßennamen »Unter den Weingärten« am Hang zwischen den beiden Hammersbacher Ortsteilen heute nichts mehr an den Weinbau erinnert. Aber wer weiß, was uns der Klimawandel noch bringt. Vielleicht werden die sanften Hänge des Krebsbachtals in gar nicht allzu langer Zeit der neue Rheingau? Erste Rekultivierungsversuche in Gelnhausen und Hanau-Kesselstadt zumindest verlaufen vielversprechend. Und ein paar weinblattumrankte Hofwirtschaften würden sich im historischen Ortskern von Marköbel auf jeden Fall gut machen.

Adresse Unter den Weingärten, 63546 Hammersbach-Marköbel | ÖPNV Bus 563 ab Hanau Freiheitsplatz bis Marköbel Storchsborn | Anfahrt A45 Ausfahrt Hammersbach, durch Langen-Bergheim nach Marköbel | Tipp Wer auf den Geschmack gekommen ist: Das Weinhaus Hagenfeld in der Ortsmitte bietet feines Essen und Weine aus aller Welt. Nur keinen aus Marköbel …

47 Die Hirzbacher Kapelle

Romanik romantisch

Mitten in den Wiesen, am Rande der Hirzbacher Höfe, steht der älteste Sakralbau im Hanauer Land. Und strahlt zwischen Flieder und Obstbäumen eine fast südländische Romantik aus. Dass die Hirzbacher Kapelle überhaupt noch existiert, grenzt an ein Wunder. Denn durch die Besitzerwechsel in der Vergangenheit, mal Adlige, mal Antoniter, mal Pächter, gab es immer wieder Phasen, in denen sich keiner für das Kirchlein zuständig fühlte. Schon 1609, da muss das kleine Gotteshaus etwa 500 Jahre alt gewesen sein, schrieb der Pfarrer aus Marköbel, es stinke darin wie in einem »Saustal«. Kurz danach wurde Hirzbach von schwedischen Truppen gebrandschatzt, die Kapelle blieb zwar stehen, aber in dem Weiler nebenan wohnten kaum mehr Gläubige.

Später gab es wieder Gottesdienste, Ostern 1700 wurden die Besucher aber fast von einer einstürzenden Mauer erschlagen, danach folgten zwar ein paar lustlose Instandsetzungsarbeiten, aber das Interesse an dem alten Gemäuer ließ immer mehr nach. So mutierte die Kapelle irgendwann zur Scheune, später wurde ein Kartoffelkeller eingebaut und Anfang des 20. Jahrhunderts auch noch der Chor abgerissen, um aus seinen Steinen Straßen zu bauen.

Zumindest das Hauptschiff blieb aber erhalten und steht seit 1974 unter Denkmalschutz. 15 Jahre später gründete sich ein Förderverein, der das kleine Kapellchen von Grund auf sanierte. Parallel dazu sicherte der aktuelle Besitzer dem Verein das Nutzungsrecht für kulturelle Veranstaltungen zu – und so ist das romanische Relikt ein beliebter Ort für allerlei Konzerte, Taufen und Jaworte geworden. Der renovierte Innenraum kann mit dem malerischen Äußeren zwar nicht mithalten, ein Besuch lohnt aber allemal. Und sei es nur, um sich an einem sonnigen Nachmittag im Garten zwischen den Obstbäumen und den warmen Naturtönen der jahrhundertealten Steine in die Provence oder Toskana wegzuträumen.

Adresse 63546 Hammersbach-Hirzbach, Kapelle und Parkplatz im Dorf ausgeschildert | ÖPNV Bus 563 ab Hanau Freiheitsplatz Richtung Altenstadt bis Hammersbach-Marköbel Hirzbach | Anfahrt A45 bis Hammersbach, durch Langen-Bergheim und Marköbel Richtung Nidderau, dann links ab ins kleine Hirzbach | Tipp Das Hofgut Kapellenhof nebenan verkauft seinen selbst gemachten Bio-Schafskäse 24/7 am Automaten.

48 Das Brüder-Denkmal

Grimm um die Grimms

Die Stadt ist stolz auf ihre berühmten Söhne. Deswegen war schon kurz nach dem Tod der beiden klar, dass Jacob und Wilhelm mit einem Denkmal geehrt werden sollten. Aber bis die Sprachwissenschaftler und Märchenerzähler 1896 schließlich in Bronze gegossen vor dem Neustädter Rathaus standen, gab's jede Menge Stress.

Zunächst mal musste sich Hanau als Geburtsort gegen andere Wirkungsstätten der Grimms durchsetzen – auch Kassel, Göttingen und Berlin hatten Interesse angemeldet. Das klappte, genauso wie die spendenbasierte Finanzierung und die Zusage für einen großzügigen Zuschuss vom preußischen Staat. Aber dann: die Ausgestaltung. Den Siegerentwurf eines Künstlerwettbewerbs fanden die Hanauer unmöglich. Wie Jacob da väterlich die Hand auf die Schulter seines sitzenden Bruders legt! Als würde Wilhelm leiden! Und überhaupt, wie Anarchisten sähen die beiden aus, verschlagen geradezu! Das Komitee beugte sich dem Furor des Volks und war bereit, von seiner Festlegung abzurücken. Stattdessen sollte Wilhelm Grimms Sohn Herman entscheiden, wie das Denkmal auszusehen hatte. Der fand den drittplatzierten Entwurf am besten, und so wurde es schließlich gebaut. Am Ende allerdings ohne das versprochene Geld aus Preußen, denn die Herrschaften in Berlin waren verschnupft und fühlten sich bei der Entscheidung übergangen.

Zum Zeichen der Hoffnung wurde die Doppelstatue, als nach den Bombardierungen im Zweiten Weltkrieg die Hanauer Innenstadt in Schutt und Asche lag. Alles war kaputt, nur Jacob und Wilhelm blieben wie durch ein Wunder unzerstört auf ihrem Sockel stehen. Und nach den rassistischen Anschlägen vom Februar 2020 wurde das Denkmal zum zentralen Platz für die Trauer um neun tote Menschen. Und so ist dieses Monument für die Hanauer nicht nur einfach eine Statue, sondern ein Symbol gelebter Geschichte in ihrer Stadt – in guten wie in schwierigen Zeiten.

Adresse Am Markt, 63450 Hanau | ÖPNV viele Buslinien bis Freiheitsplatz oder per Zug bis Hanau West | Anfahrt bis Hanau-Stadtmitte, dort verschiedene Parkhäuser | Tipp Die preisgekrönten, aber nicht verwirklichten Modelle des Grimm-Denkmals sind im Historischen Museum Schloss Philippsruhe zu sehen.

49 Die Bulau

Unberührt

Ein Urwald am Rande der Stadt? Wo gibt's denn so was? In Hanau! Direkt hinter den Bezirken Wolfgang und Lamboy-Tümpelgarten beginnt die Wildnis. Die Bulau ist eine alte Auenlandschaft, nie urbar gemacht und rund sechs Quadratkilometer groß. Die Kinzig fließt hier vollkommen unbegradigt und ohne Uferwege mitten durch den Wald, setzt Altarme und Senken nach heftigen Regenfällen unter Wasser und kann sich ohne menschengemachte Einflüsse austoben. Das Gebiet gilt als eines der natürlichsten Flusssysteme Hessens und bietet vielen seltenen Pflanzen und Vogelarten einen Lebensraum. Mit etwas Glück und Geduld sind Eisvögel und Flussregenpfeifer zu entdecken, allerdings bezahlt man einen gewässernahen Beobachtungsposten in der warmen Jahreszeit mit Dutzenden Mückenstichen, denn auch diese kleinen Blutsauger fühlen sich in der Bulau wohl.

Obwohl in den 1970er und 1980er Jahren wenig zimperlich Autobahnen und Verkehrsknoten in dieses Naturparadies hineingesetzt wurden, finden sich immer noch viele stille und beschauliche Plätze. Einer der schönsten ist die Lichtung rund um das Forstamt Wolfgang. Die Waldpfleger residieren in einem ehemaligen Jagdschloss und betreiben dort ein kleines Museum, einen Waldladen und eine Samendarre – das ist eine Sammlung an heimischem Forstbaumsaatgut, die mithelfen soll, die geschundenen hessischen Wälder wieder aufzupäppeln und fit für den Klimawandel zu machen. Einen Exoten gibt es neben der strikt regionalen Baumnachzuchtstation dann aber doch, und zwar eine Sequoia, ein Riesenmammutbaum. Hanaus höchster Baum steht an der südwestlichen Ecke der Lichtung und hatte es laut Schild 2016 schon auf 37 Meter gebracht. Das ist höher als der brutalistische Betonturm der Lutherkirche im benachbarten Wolfgang und zeigt, wer in der Bulau das Sagen hat: die Natur. Und daran können ein paar Autobahnen und Überlandstromtrassen auch nichts ändern!

Adresse Zugang unter anderem über Neuhofstraße/Kinzigdamm unter der Schnellstraße durch | ÖPNV ab Freiheitsplatz Bus 2 und 20 bis Neuhofstraße | Anfahrt A66 bis Erlensee, B8 Ausfahrt Hanau-Lamboy über die Chemnitzer Straße in die Neuhofstraße | Tipp Im Sommer Mückenschutz nicht vergessen!

50 Das Geburtshaus des Franciscus Sylvius

Ein Ginie!

Nichts erinnert an der schmucklosen Kreuzung Römerstraße/Glockenstraße heute noch an das prachtvolle Haus »Zur Stadt Amsterdam«, das hier einst stand. Bauherr war zu Beginn des 17. Jahrhunderts der Calvinist Isaac de le Boë, der wegen seines Glaubens aus dem Norden des heutigen Frankreichs fliehen musste. Graf Philipp Ludwig II. von Hanau-Münzenberg war einer der ersten Herrscher Deutschlands, die den Verfolgten eine neue Heimat gaben.

1614 kam Isaacs Sohn Francois zur Welt, der Hanau später verließ, um in Basel und Leiden Medizin zu studieren. Dort in Südholland machte er Karriere, wurde Professor und schließlich Rektor der Universität. Weil es unter Medizinern damals schick war, legte er sich den lateinischen Namen Franciscus Sylvius zu. Sein besonderes Augenmerk galt der menschlichen Verdauung, die er mittels Wacholder verbessern wollte. Davon hatte er aus Italien gehört, experimentierte mit den entsprechenden Beeren, Alkohol und wohl auch Koriander und schuf den Genever, der später unter dem Namen Gin ein riesiger Erfolg werden sollte. Denn die englischen Soldaten, die die Holländer im Krieg gegen Spanien unterstützten, brachten das Getränk nach Großbritannien und von dort aus in die ganze Welt. Allerdings dürfte es dabei wohl eher um Geschmack und Genuss als um Magenheilung gegangen sein.

Um an die Erfindung des Herrn Sylvius zu erinnern, sind zwei Hanauer auf den Zug aufgesprungen und lassen seit ein paar Jahren den »Francois Dry Gin« produzieren. Hergestellt wird er in der Brennerei Dirker, angereichert mit jeder Menge Botanicals, wie das heute heißt, und schmeckt so gut, dass er zum Mixen fast zu schade ist. Kann schon seit, dass es Hunderte, wenn nicht gar Tausende Sorten Gin auf dieser Welt gibt, aber nur dieser kommt aus der Heimat seines ginialen Erfinders.

Adresse Römerstraße 15, 63450 Hanau | **ÖPNV** ein paar Schritte von der Haltestelle Hanau Marktplatz | **Anfahrt** in der Innenstadt, parken am Kinopolis 2 oder im Parkhaus Gloria Palais | **Tipp** Der Gin ist im Onlineshop oder in der Pfeifen-Stube Heck, Rosenstraße 15, erhältlich. Außerdem auf den Getränkekarten etlicher Bars der Stadt.

51 Das Gerippte Museum

Der Äppler-Tempel

Als des Gejammer von denne Net-Hesse, wo mit unserm Äppelwoi net umgehe könne. Da markiern se den starke Max, lasse sisch zu zweit en Sechser-Bembel bringe, am beste noch mit orndlisch Speierling-Anteil, unn mache beim erste Schluck en Gesicht, wie wenn ihne aaner en unreife Quitteschnitz in de Schnuud gesteckt hätt. Dann lasse se sisch e Limo komme und wundern sisch noch, wenn ihne der Kellner e schlappmäulisch Spruch drückt.

Desdewesche, liebe Oigeplackte, holt eusch professionelle Hilfe, bevor euer erste Begeschnung mit unserm Stöffche zum Fiasko wird. Der Jörg Stier hat in seim Lade am Heumarkt in Hanau mehr wie dreissisch unnerschiedlische Sorte im Angebot, da is werklisch für de lumpichste Labbedubbel noch was dabei. Und wenn er schon da seid, dann lasst eusch in de hinnere Räumlischkeide mal die Rekord-Utensilie zeige. Im angeschlossene Museum hat der Verein »Apfelwein Centrum Hessen« nämlisch des größde Gerippte von de ganze Welt stehe, mehr wie 80 Zentimeter hoch, am Rand obbe en Durschmesser von fast nem halbe Meter und mit Platz für 84 Liter Äppelwoi. Des habbe se in der Glashütt von Limbursch produziert, wobei se die erste zwaa Versuche in de Sand gesetzt habbe. So, stellt sisch nur die Fraach: Wo soll so viel Stöffche herkomme? Ei, aus dem weltgrößte Bembel natürlisch, der direkt vis-à-vis steht und sogar 670 Liter fasst. Des Ding is natürlisch sauschwer und steht drum uff'm riesische Faulenzer. Was des widder ist, kann eusch der Jörsch erkläre.

Jetzt war des mit dem Museum alles net so aafach, wesche dem ganze Ärscher mit Corona hat sisch des en bissi gezooche mit der Eröffnung. Aber wer sisch ans Nationalgetränk rantaste will, schafft des auch ohne Exponade. Aafach fraache un babbele. So habbe mir Hesse bisher noch jedes Problem löse könne. Ach so, unn was en Sechser-Bembel is, krischt mer dursch fraache un babbele übrigens auch raus.

Adresse Heumarkt 6, 63450 Hanau, www.geripptes-museum.de | **ÖPNV** mit vielen Buslinien zum Freiheitsplatz, von dort circa fünf Minuten zu Fuß | **Anfahrt** Hanau-Stadtmitte, Parkplätze bei Kaufland | **Tipp** Falls Sie den Text wirklich nicht verstehen, finden Sie auf der letzten Seite des Buchs eine hochdeutsche Zusammenfassung.

52 Die Klosterruine

Beflügelt die Phantasie

Ein paar Sonnenstrahlen durchdringen das dichte Blätterdach und werfen helle Flecken auf den düsteren Turm. Die Grundmauern einer zerstörten Kirche ruhen im feuchten Waldboden, nur die efeuüberwucherte Apsis ist erhalten, gesichert mit einem massiven Gittertor. Das Kloster Sankt Wolfgang ist ein mystischer Ort, wohl auch, weil man so wenig über seine kurze Geschichte weiß.

Um das Jahr 1468 soll Forstmeister Erasmus Hasefuß eine Kapelle gegründet haben, die er dem heiligen Wolfgang widmete, Schutzpatron der Holzarbeiter. Ende des 15. Jahrhunderts siedelten sich ein paar Mönche an, laut einer päpstlichen Urkunde sollen auch ein Schlafhaus, ein Speiseaal und Werkstätten entstanden sein. Es darf allerdings bezweifelt werden, ob der Tagesablauf wirklich nur von »Ora et labora« bestimmt war, denn in einem Brief an den Erzbischof von Mainz gibt ein Kirchenmann wieder, was ihm von Graf Reinhard zu Hanau-Münzenberg zu Ohren gekommen ist. Der beschwere sich über große Menschenmengen am Kloster, Kuppelei und Unzucht! Ob der geheimnisvolle Ort im Wald wirklich ein derartiger Sündenpfuhl war, ist ungeklärt. Fakt ist, dass das Kloster im Bauernkrieg 1525 zerstört wurde, 1527 sicherheitshalber noch mal, danach taucht es in Geschichtsquellen nicht mehr auf.

Wohl aber in der Literatur. Die Klosterruine könnte Clemens Brentano zu seinem abgedrehten Märchen »Gockel, Hinkel und Gackeleia« inspiriert haben. Das erschien 1838, zu der Zeit also, als er sich häufig auf Hof Trages aufhielt. In der Erzählung geht es um den in Gelnhausen geschassten Hühnerminister Raugraf Gockel, der nach seiner Entlassung mit Frau und Tochter nach »Gockelsruh« zurückzieht, das verfallene Schloss seiner Familie mitten im tiefen Wald. Brentanos Beschreibungen legen nahe, dass die Ruine Grundlage für diesen fiktiven Ort war.

Sankt Wolfgang ist also nicht nur mystisch, sondern auch noch märchenhaft!

Adresse in der Nähe vom Forstamt Hanau-Wolfgang, Rodenbacher Chaussee 10a, 63457 Hanau | **ÖPNV** Bus MKK52 und 53 ab Freiheitsplatz bis Wolfgang Forstamt, kurzer Marsch durch den Wald | **Anfahrt** Parkplatz Klosterruine an der Rodenbacher Chaussee | **Tipp** Das besagte Märchen ist auf verschiedenen Interseiten kostenfrei nachzulesen, unter anderem auf www.projekt-gutenberg.org.

53 Der Märchenpfad

Elf Entdeckungen

An den Grimms kommt in Hanau keiner vorbei. Sei es die Erinnerung an das Geburtshaus von Jacob und Wilhelm, das Denkmal für ihren malenden Bruder Ludwig Emil, der Grabstein des Großvaters oder natürlich die überlebensgroße Doppelstatue vor dem Neustädter Rathaus. Wer es ein bisschen kleiner mag und sich auf die Märchen der sprachwissenschaftlich arbeitenden Brüder konzentrieren will, kann sich auf einem besonderen Weg durch die Innenstadt treiben lassen: dem Hanauer Märchenpfad.

Elf Skulpturen sind zwischen Schlossgarten und Französischer Allee verteilt, hier und da muss man sie etwas suchen, aber wer sich an den Sockeln aus Buntsandstein orientiert, findet sie schon. Mit dabei sind künstlerische Umsetzungen der Klassiker wie »Rotkäppchen«, »König Drosselbart« oder »Tischlein, deck dich!«, aber auch unbekanntere Märchen wie »Der goldene Schlüssel« oder »Die sechs Schwäne«. Mehr als 70 Künstler haben über 170 Entwürfe eingesandt, nachdem die Stadt 2015 einen Wettbewerb ins Leben gerufen hatte. Spannend ist zu sehen, wie unterschiedlich die Bildhauer die Thematiken umgesetzt haben, von monumental über filigran bis ironisch ist alles dabei.

Die Lieblingsskulptur der Hanauer sind die bronzenen Boots des gestiefelten Katers an der Ecke Langstraße/Fahrstraße. Dieses Werk des ortsansässigen Künstlers Martin Hardt hatte bei der Bürgerwahl zur Einweihung des Pfads die meisten Stimmen bekommen. Und weil für jedes der märchenhaften Kunstwerke eine Patenschaft vergeben wurde, hat es die Stadt sogar hingekriegt, sich die neuen Sehenswürdigkeiten nahezu kostenneutral zu verschaffen. Wenn durch diesen pfiffigen Schachzug im Stadtsäckel vielleicht noch ein klitzekleiner Etat für eine vernünftige Beschilderung übrig wäre, könnte diese hübsche Ergänzung zu den sonstigen Grimm-Hotspots wahrscheinlich sogar noch mehr Besucher anziehen.

Adresse beliebiger Startpunkt in der Innenstadt, 63450 Hanau, www.hanau.de/sehenswert/die-brueder-grimm/maerchenpfad | **ÖPNV** viele Buslinien bis Freiheitsplatz oder mit dem Zug bis Hanau West | **Anfahrt** verschiedene Parkhäuser in der Stadtmitte | **Tipp** Am Altstädter Markt einen Abstecher ins wunderschöne Goldschmiedehaus machen.

54 Das Naturschutzgebiet Campo Pond

Großstadtwildnis

Mehr als sechs Jahrzehnte rasselten hier die Ketten der US-amerikanischen Panzer. Am extra angelegten Teich probten die GIs, wie man provisorische Brücken errichtet und sich vor dem Feind verschanzt. Nach dem Abzug 2008 hinterließ das Militär auf dem Areal einen einmaligen Naturschatz. Es mag paradox klingen, aber gerade durch den Einsatz der schweren Fahrzeuge ist auf dem Truppenübungsplatz eine wertvolle Vegetation aus Sand-Magerrasen und versteppter Fläche entstanden, außerdem konnten auf dem abgesperrten Gelände viele seltene Pflanzen- und Tierarten überleben.

Ohne etwas zu tun, wäre das rund 100 Hektar große Terrain mittelfristig verbuscht und verwaldet – und der wertvolle Lebensraum futsch gewesen. Daher entschied sich die Bundesanstalt für Immobilienaufgaben als Grundstückseigentümer zusammen mit dem Bundesforst, Przewalski-Wildpferde anzusiedeln. Einerseits ist diese uralte Rasse stark gefährdet, andererseits haben die hellbraunen Gesellen mächtig Appetit auf frische Baumtriebe und halten das Gelände frei von unerwünschtem Unterholz. Die Przewalskis gelten als letzte noch lebende Wildpferdeart und müssen schon vor über 700.000 Jahren in Kanada heimisch gewesen sein, so belegen es Knochenfunde. Sie sind nur etwa halb so groß wie ein normales Hauspferd und wirken mit ihrer irokesischen Stehmähne überaus freundlich. Allerdings sind sie eben keine domestizierten Tiere, deswegen sollte man sich ihnen bei einer Führung mit gebührendem Respekt nähern. Auch wenn es zum Teil neugierig auf Menschen zugeht, gestreichelt will ein Wildpferd nicht werden.

Na gut, dann drücken wir unsere Bewunderung für die hübschen Rösser eben durch höfliche Distanz aus. Mehr als 100 Vogel- und 15 Heuschreckenarten im Naturschutzgebiet danken den Kollegen auf jeden Fall für ihren unermüdlichen Einsatz in der Landschaftspflege.

Adresse Neuwirtshäuser Straße, 63457 Hanau, Betreten nur mit Führung möglich! Infos unter www.hanau.de/freizeit/ur-wildpferde | **Tipp** Das Museum Großauheim kombiniert Kunst mit Industriekultur. Beeindruckende Maschinenhalle!

55 Die Scapers Lounge

Becken entdecken!

In einer unscheinbaren Halle mitten im Gewerbegebiet hinter Ikea verbirgt sich der Eingang in die phantastische Welt der Unterwasser-Kunst. »Scaper« kommt vom englischen »Landscape« und bezeichnet das Hobby, in Aquarien Überwasser-Landschaften nachzubilden. Je originalgetreuer die Kunstwerke in den Glasbecken nach schroffen Berglandschaften, dichten Urwäldern oder bemoosten Hügeln aussehen, desto zufriedener ist der Aquascaper.

Vater des Trends ist der mittlerweile verstorbene Japaner Takashi Amano. Seine Kunstform spricht besonders junge Menschen an, die über Instagram und Youtube Teil einer weltweiten Community sind. Der Showroom in Hanau versteht sich als Galerie der Wasserkünstler und hat sich zum Ziel gesetzt, jedes Becken mindestens einmal im Jahr neu gestalten zu lassen. Deswegen sind Besucher herzlich willkommen, auf einer der Bänke Platz zu nehmen und die faszinierenden Unterwasserwelten in aller Ruhe auf sich wirken zu lassen. Und schon ist der Stress des Alltags weg, wenn das Auge in dem abgedunkelten Raum minutenlang einfach nur auf die sattgrünen Welten starrt, durch zirkulierendes Wasser geräuschlos hin und her wogend.

Wer vor lauter Begeisterung selbst zum Unterwasserkünstler werden möchte, findet nebenan die Zutaten, die zur Grundausstattung gehören: Becken, Pumpen und natürlich alles, was den Glasquader zum Kunstwerk macht. Mit einer großen Auswahl an Wurzeln, Ästen, Steinen, Pflanzen und Moosen sind der Phantasie keine Grenzen gesetzt – Hardscape nennen sich die Materialien in der Fachsprache. Außerdem besteht die Möglichkeit, in Workshops die Grundkenntnisse zu erlernen oder sich zum Profi-Scaper weiterbilden zu lassen. Ach ja, Fische spielen in den wasserumspülten Landschaften übrigens keine große Rolle. Es soll ja alles so realistisch wie möglich aussehen – und durch die Felsen der Kalkalpen schwimmt ja auch kein Guppy.

Adresse Moselstraße 2, 63452 Hanau, www.scaperslounge.de | **ÖPNV** ab Freiheitsplatz Bus 12 bis Hanau Niddastraße | **Anfahrt** A66 bis Erlensee, B8 bis Lamboy, Beschilderung Ikea folgen, hinter dem Möbelhaus links | **Tipp** Doch lieber mit Fisch? Die Fischzucht am benachbarten Birkensee bietet frischen Fang direkt aus dem Wasser.

56 Der Stadtumbau

Aufgehübscht

Möglicherweise ist Hanau von allen großen Städten im Rhein-Main-Gebiet die dynamischste. Die kleinste Großstadt Hessens hat 2008 beschlossen, ihre Innenstadt komplett umzukrempeln, mit 600 Millionen Euro und Partnern aus der Wirtschaft. Böse Zungen könnten nun behaupten, dass Hanau von allen großen Städten in RheinMain bis dahin die unansehnlichste war, aber immerhin wurde das erkannt und verändert.

Die größte Einzelmaßnahme war die Umgestaltung des Freiheitsplatzes und der Bau des Forums nebenan. Das gesamte Areal wurde den Menschen zurückgegeben, anstelle der oberirdischen Parkplätze entstanden Grünflächen, ein Fontänenfeld, schnieke Bänke und der Busbahnhof mit den charakteristischen Dächern, die aussehen wie transparente Großblattpflanzen. Das benachbarte Einkaufs- und Kulturzentrum Forum lässt durch seine offene Bauweise Gassen entstehen, die kleinräumige Wohligkeit statt exkludierender Klotzigkeit ausstrahlen. Auch am Marktplatz, rund um die Wallonisch-Niederländische Kirche und in vielen Teilen der Fußgängerzone wurde neu geplättelt, aufgehübscht und begrünt und tatsächlich eine höhere Aufenthaltsqualität geschaffen.

Und gerade, als die Stadt fertig war, setzte das – durch Corona noch beschleunigte – Ladensterben ein. Aber auch dazu haben die findigen Stadtoberen eine Idee entwickelt. Unter dem Motto »Hanau aufLADEN« ermutigt die Kommune kreative Köpfe, ihre Geschäftsidee auszuprobieren. Dazu nutzt die Stadt ihr Vorkaufsrecht, schnappt leer stehende Immobilien bösen Investoren weg und vermietet die Gewerbeflächen günstig an Pop-up-Stores. Dadurch sind Kunstkaufhäuser, Vintage-Klamottenshops und spannende Gastronomiebetriebe entstanden. Alles besser als das 100. Nagelstudio und der 200. Handyladen. Fazit: Hanau ist cooler als sein Ruf und bietet Chancen, die es anderswo nicht gibt. Fragt sich nur: HU's new and HU's next?

Adresse Freiheitsplatz, 63450 Hanau | ÖPNV viele Buslinien fahren direkt auf den Platz | Anfahrt Hanau-Stadtmitte, verschiedene Parkhäuser | Tipp Eine Vorstellung von prototypischer Hanauer Nachkriegsarchitektur gibt das Ensemble renovierter Wohn- und Geschäftshäuser auf der Südseite des Forums.

57 Die Wallonisch-Niederländische Kirche

Multikulti mit Tradition

Wer sich heute, im 21. Jahrhundert, darüber aufregt, wenn in einem Industriegebiet eine Moschee oder gar ein Minarett gebaut wird, sollte sich mal mit der Geschichte Hanaus beschäftigen. Dort hat Graf Philipp Ludwig II. von Hanau-Münzenberg schon vor über 400 Jahren fremdsprachigen Religionsflüchtlingen erlaubt, eine Kirche zu bauen. Und zwar mitten in der Stadt. Zumindest mitten in der Neustadt, die von calvinistischen Heimatvertriebenen aus Frankreich und den damals spanischen Niederlanden besiedelt wurde.

Problem: Die beiden Gruppen hatten zwar denselben Glauben, unterhielten sich aber in unterschiedlichen Sprachen. So bildeten sich zwei Gemeinden, die irgendwann natürlich auch ein Gotteshaus wünschten. Also einigte man sich nach dem üblichen Hickhack schließlich, eine Doppelkirche zu bauen. Der größere Teil zwölfeckig für die Wallonen, der kleinere als angebautes Achteck für die Niederländer, aber »durch eine gute Mauer« getrennt. Der Bau funktionierte, allerdings verschwanden im Lauf der Jahrhunderte Französisch und Flämisch aus den Gassen der Hanauer Neustadt, weswegen auch die Gottesdienste mehr und mehr auf Deutsch gehalten wurden. Die bilinguale Kirchenarchitektur verlor also ihren eigentlichen Sinn.

Und dann kam der 19. März 1945. Kurz vor Kriegsende versank das alte Hanau in Schutt und Asche. Auch die mächtige Doppelkirche überstand das alliierte Bombardement nicht. Nach dem Krieg entschied man sich, die kleinere Hälfte wieder aufzubauen, der größere wallonische Teil sollte als Mahnmal im zerstörten Zustand bestehen bleiben. Nach der Umgestaltung des Areals in den vergangenen Jahren ist rund um die Kirche einer der schönsten Plätze der Hanauer Innenstadt entstanden. Und mit der Ruine eines ehemaligen Flüchtlings-Gotteshauses symbolisiert er alles, was Hanau seit Jahrhunderten ausmacht: Weltoffenheit, Liberalität, aber auch Verwundbarkeit.

Adresse Französische Allee 12, 63450 Hanau | ÖPNV direkt in der Stadtmitte | Anfahrt im Stadtzentrum Tiefgarage Markt oder Kinopolis ansteuern | Tipp Der Verein »Südlichter« sorgt mit kreativen Ideen für Leben in der südlichen Hanauer Innenstadt. Mehr zum Programm und dem vereinseigenen Café unter suedlichter-ev.com.

58 Das Umweltzentrum

Nachhaltige Bildung

Umwelt- und Klimaschutz – das klingt für viele immer noch nach Einschränkung und Verzicht. Wer sich das Thema politisch auf die Fahnen schreibt, wird gern als »Verbotspartei« gebrandmarkt. Wie nachhaltige Entwicklung auch mit Lust und Spaß funktionieren kann, vermittelt das Umweltzentrum Hanau.

Entstanden ist das Bildungszentrum zur Landesgartenschau 2002 als Lärchenholzquader an der Kinzig. Seitdem wird großen und kleinen Besuchern in über 300 Kursen jährlich erklärt, wie jeder Einzelne seinen ökologischen Handprint optimieren kann. Bis zu 15.000 Neugierige lernen pro Jahr, dass Nachhaltigkeit schon beim Einkauf oder im eigenen Garten anfängt. Welches Obst ist von hier? Wann ist es reif? Apfel aus Bruchköbel statt Avocado aus Brasilien? Wie kann ich meinen Garten bienen- und schmetterlingsfreundlich gestalten? Kindern wird Nachhaltigkeit im »Grünen Klassenzimmer« didaktisch so geschickt vermittelt, dass sie den eigentlichen Lernprozess gar nicht mitbekommen. Wer könnte beispielsweise das Kursangebot »Kinder pflanzen Pizza« blöd finden? Und mit dem Wissen, das sie von Ratespielen, Experimenten und Wühlereien im Garten mitnehmen, dürfen die Kinder zu Hause gern auch ein bisschen naseweis ihre Eltern zu Umweltschützern erziehen. Sehr beliebt sind auch Kindergeburtstage im Umweltzentrum, bei denen die Partygäste Vogelhäuschen bauen, Naturkosmetik herstellen oder bei der Spieleolympiade das weitläufige Außengelände unsicher machen.

Ziel aller Bildungsangebote für Kinder oder Erwachsene ist es, die neuen Erkenntnisse in den Alltag mitzunehmen und das eigene Verhalten auf den Prüfstand zu stellen. Nachhaltigkeit ohne Lustverlust, oder wie es auf der Homepage des Umweltzentrums heißt: Die vielfältigsten Gärten entstehen nicht durch »Gartenarbeit«, sondern durch »Gartenfaulheit«. Klingt es nicht verlockend, auf diese Weise zum Umweltschützer zu werden?

Adresse Philipp-August-Schleißner-Weg 2, 63452 Hanau | ÖPNV ab Freiheitsplatz Bus 10 bis Plantagenstraße | Anfahrt A66 Ausfahrt Erlensee, B8 Ausfahrt Lamboy, über die Lamboystraße links in die Karl-Marx-Straße, dann ausgeschildert | Tipp Über den Kinzigsteg erreicht man Jahn- und Rhönstraße, zwei der schönsten Altbaustraßen der Innenstadt.

59 Die Gedenksteine

Sinnloser Sieg

Retrospektiv betrachtet, waren die meisten Kriegsgemetzel wohl blödsinnig und wären von ein paar geschickten Diplomaten besser friedlich am Verhandlungstisch gelöst worden. Die Schlacht bei Hanau allerdings kann sich rühmen, eine der ganz besonders überflüssigen gewesen zu sein.

Denn eigentlich war Napoleon mit seinem Heer schon auf dem Rückzug. Zwei Wochen vorher hatte der kaiserliche Feldherr in der Völkerschlacht bei Leipzig eine böse Niederlage erlitten und sollte nun auf dem Weg zurück nach Frankreich noch eine Überraschung erleben. Dafür verantwortlich waren die Bayern, die erst Tage zuvor ihr Bündnis mit den Franzosen gekündigt hatten und auf die Seite der Alliierten – Preußen, Russland, Österreich – gewechselt waren. Ende Oktober 1813 besetzten die bajuwarischen Truppen Hanau, um Napoleon den Weg abzuschneiden und ihre Treue zum neuen Bündnis zu untermauern. Niemand hatte sie darum gebeten, mit fast 50.000 Mann zwischen Kinzig und Lamboywald auf den Feind loszustürmen – personell zwar überlegen, aber mit zu wenig Munition ausgestattet. Die sinnlose Aktion endete mit rund 15.000 Toten auf beiden Seiten und dem letzten Sieg Napoleons auf deutschem Boden.

Deswegen hat Hanau auch die zweifelhafte Ehre, namentlich auf dem Pariser Triumphbogen verewigt zu sein. In fast 50 Metern Höhe gesellt sich die Stadt zu 29 weiteren Orten, an denen der Empereur seinerzeit militärische Erfolge feierte. In puncto Gedenken hat Hanau allerdings die Nase vorn. Fünf Gedenksteine, zwei an der Kinzigbrücke, jeweils einer an der Lamboy-, an der Karl-Marx- und der Robert-Blum-Straße erinnern an die Schlacht. Und dass letztgenannte Straße nach einem Mann benannt ist, der als Politiker und Publizist nur eine Generation nach Napoleons Feldzügen in Deutschland gegen die frankophobe Stimmung kämpfte, ist nach so viel Blutvergießen zumindest ein kleines Zeichen der Versöhnung.

Adresse Gedenkstein Karl-Marx-Straße 36, 63452 Hanau | **ÖPNV** ab Freiheitsplatz Bus 10 bis Karl-Marx-Straße | **Anfahrt** A66 Ausfahrt Erlensee Richtung Wolfgang, nach Lamboy rechts ab, circa einen Kilometer weiter links in die Karl-Marx-Straße | **Tipp** Der multikulturelle Stadtteil bietet auf der Lamboystraße viel kulinarische Abwechslung – vom polnischen Supermarkt bis zum türkischen Bäcker.

60 Das Herbert-Dröse-Stadion

Berlin, Berlin, wir fahren … ach nee …

Auf den ersten Blick sieht man dem Stadion seine Geschichtsträchtigkeit nicht an. Zwar passen 16.000 Zuschauer in die größte Sportstätte der Stadt, aber der Lack ist ein bisschen ab. Dabei war die Arena lange Zeit Spielstätte des ältesten hessischen Fußballvereins und hat mit dem FC Hanau 93 in der Saison 1978/79 sogar ein Jahr lang Zweitligaspiele erlebt.

Aber der ganz große Ruhm der 93er liegt noch viel länger zurück. Ein Jahr nach Vereinsgründung befand der »Deutsche Fußball- und Cricket Bund«, dass Hanau und Viktoria 1889 Berlin die besten Fußballmannschaften Deutschlands seien und folglich das Finale um die Meisterschaft austragen sollten. Damals gab es weder Ligen noch den DFB, deswegen hatte der gemischte Fuß- und Schlagballverband das Sagen und lud Hanau zum Kampf in die Hauptstadt ein. Problem: Den Hessen fehlte Geld für eine Reise nach Berlin. Darum erging eine Einladung an Viktoria zum Match in die Grimmstadt – vergeblich. Weil sich Hanau 93 die Anreise nicht leisten konnte, ging die deutsche Fußballmeisterschaft 1894 kampflos an die Gegner aus Berlin.

113 Jahre später – und jetzt kommt der große Moment des Herbert-Dröse-Stadions – sollte das Spiel aber nachgeholt werden. Der damalige HFC-Vorsitzende war auf die Geschichte gestoßen und schlug den Kollegen aus Berlin vor, das Match mit einem guten Jahrhundert Verspätung doch noch auszutragen. Mittlerweile war die Fahrt nach Berlin finanziell für die Hanauer offenbar zu stemmen. Viktoria willigte ein und gewann das Hinspiel vor heimischer Kulisse 3:0. Beim Rückspiel in Hanau kam der FC 93 zwar über ein 1:1 nicht hinaus, konnte aber 5.000 Zuschauer ins Dröse-Stadion locken und bekam überregionale Aufmerksamkeit. Auch wenn der Meistertitel 1894 also in der Hauptstadt geblieben ist, hat die Aktion gezeigt, dass Fußball in Hanau viel mehr als nur Rudi Völler ist.

Adresse Burgallee, 63454 Hanau | ÖPNV ab Hanau Freiheitsplatz Bus 9 bis Hanau-Wilhelmsbad Bahnhof | Anfahrt A66 Ausfahrt Hanau-West, am Autobahnende links in die Burgallee | Tipp Ein kleiner Bummel durch das benachbarte Hanauer Villenviertel Hohe Tanne – schöne Häuser angucken und ein bisschen neidisch werden.

61 Das Karussell

Ross sucht Reiter

Der gesamte Staatspark Wilhelmsbad ist ein wunderschönes Gelände. Zwischen Comoedienhaus, Grabpyramide und der künstlichen Burgruine gibt es so viel zu entdecken, dass die gescheiterte Grundplanung des Parks heute keine Rolle mehr spielt. Er sollte nämlich eigentlich eine Kuranlage mit Heilquelle werden, die aber erstens gar keine Heilwirkung hatte und zweitens alsbald versiegte.

Die größte Attraktion der gesamten Anlage ist das historische Karussell. Es stammt aus dem Jahr 1780 und ist damit das älteste immobile Karussell der Welt. Bei Inbetriebnahme wurde das Ringelspiel tatsächlich von Menschen angetrieben, die im Untergeschoss schuften durften, während die Herrschaften oben ihren Spaß hatten. Allerdings war es mit zwei Kutschen und je vier Pferden noch etwas sparsamer ausgestattet als heute. Nach heftigen Beschädigungen im Deutsch-Französischen Krieg sollte das Karussell 1873 abgerissen werden. Dagegen liefen die Hanauer Bürger Sturm und hatten langfristig Erfolg: 1896 wurde es neu verpachtet, ein Gasmotor eingebaut und zwei Jahre später mit der doppelten Anzahl an Chaisen und Rössern wieder in Betrieb genommen.

Diese Ausstattung hat einen Bombeneinschlag im Zweiten Weltkrieg überlebt, das Gefährt konnte sich aber nicht mehr drehen, weil das Dach auf die Mechanik gerutscht war. Die Pferdchen wurden im Comoedienhaus zwischengelagert, 1968 wieder aufs Karussell gesetzt, später gestohlen, dann wiedergefunden, aber alles stand für Jahrzehnte still. Erst als sich 1998 ein Förderverein gründete, der rührig Spenden sammelte und Patenschaften vergab, kam wieder Schwung in die Sache. Und tatsächlich konnte 2016, nach neunjähriger Sanierungszeit, die Wiedereröffnung gefeiert werden. Wer möchte, kann sich heute bei Führungen im Keller die historische Technik zeigen lassen oder oben eine Runde drehen – auf den zweifelsohne ältesten Pferden Hessens.

Adresse Parkpromenade, 63454 Hanau | **ÖPNV** ab Hanau Freiheitsplatz Bus 9, MKK 31 und MKK 32 bis Hanau Bismarckturm | **Anfahrt** A66 Ausfahrt Hanau West (nur aus Richtung Frankfurt), über die Burgallee zum Staatspark | **Tipp** Einen Abstecher zum Beethovenplatz unternehmen – mit städtebaulich sehr interessanter Kreiselbebauung.

62 Das Kopfsteinpflaster

Romantisches Rumpeln

Woran liegt es, dass die Nebenstraßen in den Ortsteilen von Hasselroth so eine wohlige Antiquiertheit ausstrahlen? Sind es die Gebäude? Die Laternen vielleicht? Oder eine besonders hohe Dichte parkender Oldtimer? Nein, es ist der Straßenbelag, der die gute alte Zeit hier weiterleben lässt.

Dabei hat sich die Finanzschwäche der drei ehemals selbstständigen Gemeinden als Glücksfall erwiesen. Sprich, in Neuenhaßlau, Gondsroth und Niedermittlau fehlte schlicht das Geld zu der Zeit, als andere Ortschaften ihr Kopfsteinpflaster unter makellosem Asphalt verschwinden ließen. Die Durchgangsstraßen wurden zwar irgendwann modernisiert, viele Nebenstraßen blieben aber zunächst außer Acht. Und weil aus diesem Zustand »zunächst« ein dauernder wurde, bilden die steinernen Würfel aus Vogelsberger Basalt bis heute die Oberfläche etlicher Seitenstraßen, auch wenn die Gemeinde mittlerweile die finanziellen Mittel hätte, diesen Zustand zu ändern. Aber das will sie gar nicht mehr. Denn das Pflaster hat sich als ideale Maßnahme gegen Raserei erwiesen und wird deswegen liebevoll gepflegt. Selbst wenn die Straßen für eine Baumaßnahme aufgerissen werden müssen, kommen die Originalsteine danach wieder an Ort und Stelle, denn kein hässlicher Asphaltstreifen soll die Einheitlichkeit stören.

Natürlich gibt es unter den Anwohnern auch ein paar Kritiker, denn ein Auto, das über eine Kopfsteinpflasterstraße rattert, macht Lärm, und zwar nicht zu knapp. Die Mehrheit – und vor allem auch die Politik – steht aber hinter dem Erhalt des holprigen Bodenbelags. Und falls eines Tages ein Location-Scout aus Hollywood eine Hasselrother Nebenstraße als den idealen Drehort für einen Blockbuster über das Nachkriegsdeutschland entdeckt und George Clooney in einem Messerschmitt Kabinenroller über die Niedermittlauer Neugasse hoppelt, dann, ja dann dürfte auch der letzte Zweifler verstummen.

Adresse zum Beispiel die Rathausstraße, 63594 Hasselroth-Neuenhaßlau | **ÖPNV** Bus MKK 60 ab Langenselbold Bahnhof bis Hasselroth-Neuenhaßlau Rathausstraße | **Anfahrt** A66 bis Langenselbold, dort Richtung Hasselroth | **Tipp** In Gondsroth bietet »Herberts Meisterstück« herrliche Deftigkeiten in seiner Hofwirtschaft an, Infos unter www.herbertsmeisterstueck.de.

63 Die Laurentiuskirche

Älter als Kaiser Rotbart

Das Romanische Haus in Gelnhausen ist alt. Geradezu bewundernswert alt. Die Kaiserpfalz auch. Aber historisch gesehen, macht die Dorfkirche von Niedermittlau den viel bewunderten Sehenswürdigkeiten in der Kreisstadt eine lange Nase. Denn Untersuchungen gehen davon aus, dass zumindest die unteren Teile des Turms um 1030 errichtet wurden, also rund 140 Jahre bevor Barbarossa jenseits der Kinzig einen seiner kaiserlichen Stützpunkte einweihte.

Wer die Kirche durch den kleinen Garten umrundet, könnte den Eindruck gewinnen, dass das wesentlich jüngere Kirchenschiff dem uralten Turm ein wenig auf die Pelle rückt. Tatsächlich liegt das Bodenniveau im Hauptschiff deutlich über dem des Turms, was die Vermutung nahelegt, dass er im Lauf der Jahrhunderte (bald ein Jahrtausend!) erheblich abgesackt ist. Wer genau hinschaut, findet an der Südseite auf gut halber Höhe eine eingemauerte Fratze, die möglicherweise als Schreckmaske böse Geister fernhalten sollte. Noch geheimnisvoller ist die Figur eines romanischen Löwen an der Ostseite des Turms, der leider nur auf Fotografien zu bewundern ist, weil er vom Kirchendach verdeckt wird. Seine genaue Bedeutung ist bis heute unklar.

Sicher ist hingegen, dass es um den Dachstuhl im Schiff der Laurentiuskirche nicht gut steht. Risse in der renovierten Decke alarmierten die Gemeinde und führten zur Gründung eines Vereins, der sich den Erhalt des Gebäudes zum Ziel gemacht hat. Durch Sicherungsarbeiten konnte zwar verhindert werden, dass die Kirche komplett gesperrt werden musste. Eine grundlegende Sanierung scheint aber unvermeidlich. Kostenpunkt: mindestens 250.000 Euro. Diskrete Flyer mit den Nummern der Spendenkonten liegen aus. Man sagt, dass die Schreckensfratze in der Außenmauer zu grinsen beginnen würde, wenn ein Großspender die komplette Summe übernähme. Nee, okay. Sagt man nicht. Habe ich erfunden. Wäre aber toll!

Adresse Alte Dorfstraße 39, 63594 Hasselroth | ÖPNV ab Niedermittlau Bahnhof Bus MKK 67 bis Niedermittlau Kirche | Anfahrt A66 Ausfahrt Gründau-Rothenbergen, nach Niedermittlau, dort direkt in der Ortsmitte | Tipp Wer auf gute Backwaren steht, ist beim Meddeler Bäcker richtig. Tolle Ware, freundliches Team!

64 Der Beilstein

Sagenhaft!

Zehn bis 20 Millionen Jahre sind in der Geologie nix, deswegen ist eine Felsformation dieses Alters eigentlich ein rechter Jungspund. Der im Spessart vorherrschende Buntsandstein ist auf jeden Fall gut 200 Millionen Jahre älter als der vorwitzige Basaltkegel zwischen Lettgenbrunn und Villbach. Die Felswände wurden durch Erosion freigelegt und sind wohl ein Überbleibsel des Vulkanismus im Vogelsberg, der seine Lava bis jenseits des heutigen Kinzigtals verteilte.

1905 wurde der Beilstein zunächst Naturdenkmal, 1930 dann Naturschutzgebiet, das älteste im gesamten Altkreis Gelnhausen. Der wertvollste Teil sind seine offenen Felshänge, auf denen einige stark gefährdete Lilien und sehr seltene Farne wachsen. Naturschützer haben auf einer Fläche von nur fünf Hektar 200 unterschiedliche Pflanzen katalogisiert und mehrere Fledermausarten beobachtet, die in der großen Basalthöhle ihr Winterquartier gefunden haben.

Solche Grotten haben schon immer die Phantasie der Menschen beflügelt – und so rankt sich auch um den Beilstein eine geheimnisvolle Sage. Sie handelt von einem jungen Mann, der ein blaues Wunderblümchen pflückt. Wunder deswegen, weil die Blume dafür sorgt, dass sich urplötzlich der Felsen auftut und der Jüngling in der Höhle jede Menge Gold, Silber und Edelsteine findet. Allerdings leben dort auch drei Frauen, hübsch, aber mahnend. Er solle beim Verlassen der Felsspalte auf keinen Fall das Wichtigste vergessen. Der Bursche pfeift auf den Ratschlag, stopft sich die Taschen mit dem wertvollen Zeug voll und will die Biege machen. Da aber stürzen mit einem gewaltigen Grollen die Wände ein, Steine prasseln hernieder, und der junge Mann muss sich ohne den Schatz aus der Höhle retten. Denn das Wichtigste, das magische blaue Blümchen, hatte er, vom Reichtum geblendet, achtlos weggeworfen. Sollte uns eine Lehre sein. Nur gucken. Nix anfassen. Oder wegwerfen.

Adresse an der Ostpreußenstraße zwischen Lettgenbrunn und Golfplatz, kleines Hinweisschild | ÖPNV Bus MKK 82 bis Lettgenbrunn am Villbacher Grund, kurzer Fußweg | Anfahrt A66 bis Bad Orb/Wächtersbach, in Bad Orb Richtung Golfplatz Jossgrund, danach Beschilderung Lettgenbrunn folgen | Tipp Zwei Landgasthöfe konkurrieren in Lettgenbrunn, der Sudetenhof etwas eleganter, der Znaimer Hof mit den größeren Portionen.

65 Der Brunnen

Ein Prachtstück

Geben Sie's zu! Sie sehen es doch auch! Dass dieses wundervolle Wasserspiel natürlich Spessart und Vogelsberg darstellen soll. Deswegen ist der eine Hügel ja auch aus Buntsandstein, der andere aus Basalt. Dazwischen ein Flüsschen, vielleicht die Kinzig, fertig ist das Kunstwerk. Absolut unkritisch, ein schöner Brunnen ohne jegliche Doppeldeutigkeit.

Na ja, nicht ganz. Es gibt da so Früchtchen, die der keuschen Erklärung des zuständigen Architekten nicht folgen wollen und in dem Brunnen ein gigantisches Phallussymbol sehen. Selbst der Pfarrer der gegenüberliegenden Kirche gab zu, dass er bei der Enthüllung gar nicht an die Hügel der Heimat gedacht, sondern sich vielmehr gefragt hat, ob er vielleicht schon zu lange im Zölibat lebe. Und weil der Herr Humor hat und gute O-Töne gab, wurde aus der lokalen Posse zunächst ein Bericht in der Hessenschau, dann sogar in der FAZ, der Süddeutschen und im Spiegel. Zur Krönung rückten noch die NDR-Satiriker von »extra 3« an und machten Oberndorf mit ihrem Film bundesweit bekannt. Und überall wurde versichert, dass bei der Planung niemandem etwas Verdächtiges aufgefallen sei.

Mittlerweile hat sich der Hype gelegt, weswegen Sie den Brunnen ungeniert besuchen können. Wenn es nicht so wirken soll, dass sie allein deswegen hergekommen sind, kaufen sie ein paar unverdächtige Dinge in den umliegenden Geschäften, eine Wurst zum Beispiel, ein Bananensplit oder eine Gurke, und lassen sie ihren Abstecher auf den Franz-Korn-Platz wie zufällig wirken. Hier kann die Seele baumeln, der Blick schweifen. Und dann machen Sie ganz ohne Scham Ihr Selfie. Ist doch nichts dabei, eine Mittelgebirgslandschaft im besten Stück der Ortsmitte zu fotografieren. Und wenn jemand partout einen Penis auf dem Bild erkennen will, gestehen sie es ihm zu. Kunst ist vielschichtig, da sollte man sich nicht auf eine Meinung versteifen.

Adresse Franz-Korn-Platz, 63637 Jossgrund | ÖPNV ab Bad Orb Busbahnhof Bus MKK 82 bis Jossgrund-Oberndorf Frankfurter Straße | Anfahrt A66 Ausfahrt Bad Orb/ Wächtersbach, durch Bad Orb Richtung Jossgrund, in Burgjoß rechts | Tipp Den langen Schlangen nach zu urteilen, muss die Fleischerei Bien gegenüber dem Brunnen ganz hervorragend sein.

66 Die Kneipp-Anlage

Wate mal!

Das Dorf am Oberlauf der Jossa präsentiert sich in idyllischer Unaufgeregtheit. Ein sanftes Tal, dichte Wälder und vor vielen Häusern ein bunt bepinselter Holzspecht, der auf den Namen »Jossi« hört und Identifikationsfigur der Gemeinde ist. Alles sehr freundlich, aber eben auch nichts, was einen Rekord auf der Gemarkung vermuten ließe.

Dennoch gibt es ihn: Im Hatchesgrund steht die größte Kneipp-Anlage Deutschlands! 25.000 Quadratmeter saftiges Grün mit zwei Fuß- und einem Armbecken laden dazu ein, Kreislauf und Durchblutung in Schwung zu bringen. Das kalte Wasser kommt direkt aus der Quelle und kann an Ort und Stelle sogar getrunken werden, natürlich bevor irgendwelche Füße hindurchgewatet sind. Alle Becken sind so groß, dass selbst bei vielen Besuchern kein Gedränge entsteht, und wer mit der Kneipperei nichts anfangen kann, macht es sich einfach auf den parkartigen Wiesen oder im kleinen Biergarten gemütlich.

Ganz so beschaulich wie heute ist es oberhalb von Pfaffenhausen aber nicht immer zugegangen. Nur einen Steinwurf von der heutigen Erholungsanlage entfernt, stürzten im Januar 1945 zwei angeschossene britische Kampfbomber ab. Sechs feindliche Fliegersoldaten wurden von den Dorfbewohnern tot geborgen und auf dem örtlichen Friedhof beigesetzt. Nach dem Krieg wurden die Leichen exhumiert und auf einen Soldatenfriedhof gebracht, nicht ohne einen Dank an die Pfaffenhäuser für den pietätvollen Umgang mit den Gefallenen. Trotzdem sorgte eins der Flugzeuge Jahrzehnte später noch mal für Aufregung. In der Nähe der Absturzstelle wurde 2010 die dazugehörige 500-Kilo-Bombe gefunden. Glücklicherweise konnte der Zünder unschädlich gemacht und der Sprengkörper abtransportiert werden. Weitere Blindgänger wurden bei einer Suche rund um die Kneipp-Anlage nicht gefunden. Es lässt sich also wieder bestens relaxen – in idyllischer Unaufgeregtheit.

Adresse außerhalb des Ortes, am Ende der Kalbachstraße, 63637 Jossgrund | ÖPNV Bus MKK 82 und 83 ab Bad Orb Busbahnhof bis Pfaffenhausen Dorfscheune, von dort 1,5 Kilometer Fußmarsch | Anfahrt A66 bis Bad Orb/Wächtersbach, durch Bad Orb bis Jossgrund-Burgjoss, dort rechts nach Pfaffenhausen | Tipp Wenn genügend Schnee liegt, öffnet im Nachbarort Oberndorf ein kleiner Skilift. 500 Meter Abfahrt, aber mit Flutlicht!

67__Der Buchberg

Mit Weitblick

Bei vielen Mittelgebirgen ist nicht ganz klar, wo genau sie anfangen oder aufhören. Beim Spessart – oder zumindest dem hessischen Vorspessart – ist das eindeutiger. Die erste nennenswerte Erhebung aus Sicht des Rhein-Main-Gebiets ist der gut 200 Meter hohe Buchberg zwischen Rodenbach, Langenselbold und Neuenhaßlau. Ein filigraner Sandsteinturm bietet seit 1910 einen hervorragenden Blick in die Ferne, auch wenn die obere der beiden Aussichtsplattformen wegen allerlei Antennenanlagen nicht mehr zu betreten ist.

Trotzdem müssen wir dankbar sein, dass der Turm überhaupt noch steht. Immer wieder hat die Stadt Hanau als Besitzerin Versuche unternommen, den schlaksigen Riesen zu verkaufen. Langenselbold wollte ihn nicht haben, der Landkreis schon gar nicht, und so konnte über die Jahrzehnte fröhlich das Regenwasser ins Mauerwerk einsickern und das ungeliebte Gebäude immer sanierungsbedürftiger machen.

Schließlich wurde der Turm geschlossen, den Renovierungskosten von 80.000 Mark standen 25.000 für den Abriss gegenüber. Jetzt aber wurde klar, wie sehr die Menschen aus dem unteren Kinzigtal an dem steinernen Lulatsch hingen. Nach aufgebrachten Protesten einigten sich die umliegenden Kommunen und der Kreis auf die Instandsetzung, die 1986 schließlich zur Wiedereröffnung führte. Und mittlerweile dürfte von den Mobilfunkanbietern vielleicht sogar ein wenig Miete fließen.

Eine weitere Institution ist das Gipfelrestaurant Buchberggrill, das den Ausflüglern von Pizza bis Schnitzel alle erwünschten Deftigkeiten bietet. Wer nicht so gut zu Fuß ist, darf sogar mit dem Auto rauf. Und wer seine »Quattro Stagioni« an Ort und Stelle abtrainieren will, tobt sich entweder auf dem weitläufigen Spielplatz aus oder nutzt die 150 Stufen des Buchbergturms für eine Runde Step-Aerobic. So eine tolle Aussicht wie hier kann als Belohnung jedenfalls kein Fitnessstudio bieten.

Adresse Am Buchberg 1, 63505 Langenselbold | ÖPNV ab Bahnhof Langenselbold 30 Minuten zu Fuß | Anfahrt A66 Ausfahrt Langenselbold, Richtung Rodenbach, bei der Ausschilderung links in den Wald | Öffnungszeiten Restaurant unter www.buchberggrill.de | Tipp Keine Lust, allein loszumarschieren? »Kunznickel Alpakas« in Oberrodenbach bietet Wanderungen mit niedlichen und gutmütigen Tieren an.

68 Der Hermekruk

Warum und woher?

Er steht vor dem Heimatmuseum und gibt bis heute Rätsel auf: Der Hermekruk. Ein etwa 2,5 Meter hoher Gedenkstein, der im oberen Drittel eine trauernde Maria, auf der unteren Hälfte einen knienden Menschen mit wallendem Haar und dazwischen die Jahreszahl 1517 zeigt. Unter der Datierung wurde der Sinnspruch »GOT GNADE DER SELE, AM« eingemeißelt.

Das klingt zunächst, als sei am ursprünglichen Standort des Hermekruks in den Kinzigwiesen nahe des heutigen Segelflugplatzes irgendetwas Tragisches passiert. Andererseits könnte die Jahresangabe auch für ein Denkmal zur lutherischen Reformation sprechen. Aber würde man das in eine zur Vermatschung neigende Wiese stellen? Sicher ist, dass die Stele mehrere Male umgezogen ist und eine ganze Weile nicht stand, sondern lag. Nämlich unter der Ackerkrume des Feldes, auf dem der Hermekruk bei der Landwirtschaft nur gestört hat. Prinz Alfons von Isenburg ließ das Denkmal 1910 ausgraben und an der Landstraße nach Rothenbergen wieder aufstellen. Dort musste es im Zuge des Autobahnbaus abermals verrückt werden, bevor es 2014 schließlich einen repräsentativen Standort vor dem Museum fand.

Genauso geheimnisvoll wie die Bedeutung ist auch der Name. »Herme« könnte für das mittelhochdeutsche Verb »hermen«, also Harm haben, sich quälen stehen, »Kruk« für Kreuz. Dafür spräche, dass auf der dachartigen Bekrönung früher ein Kruzifix gestanden haben könnte. Eine andere Interpretation geht in die Richtung, dass »hermen« für ruhen oder rasten und »Kruk« für eine Art Schutz oder Rückhalt stehen. Dann wäre der Hermekruk vielleicht ein Beistand für die Hirten und ihre Herden gewesen, was wiederum den Standort in der Wiese plausibel machen würde. Tja. Wir werden es 500 Jahre später nicht mehr herausfinden. Aber ist es nicht toll, dass es in einer Welt, die alles zu wissen meint, direkt vor unserer Haustür noch Unerklärliches gibt?

Adresse vor dem Haus Schlosspark 6, 63505 Langenselbold | **ÖPNV** ab Langenselbold Bahnhof Bus MKK 56 und 68 bis Langenselbold Rathausplatz | **Anfahrt** A66 bis Langenselbold, über Gelnhäuser und Hanauer Straße auf den Schlossberg | **Tipp** Der »Dragonerbau« am Südrand des Schlossparks bietet bodenständiges Essen und einen hübschen Garten mit Blick aufs Kinzigtal.

69__Der Kinzigsee

Vögel und Vergnügen

Zugegeben, ein bisschen stört das Grundrauschen der nahen Autobahn die Idylle am Strandbad schon, gerade die hinteren Reihen der Wochenendhaussiedlung liegen fast näher an der Schnellstraße als am See. Andererseits gäbe es dieses kleine Paradies ohne die A66 gar nicht. Denn Kinzig- und Ruhlsee sind Ende der 1970er Jahre nur entstanden, weil hier Kies für den Bau der Autobahn ausgebaggert wurde.

Trotz derselben Entstehungsgeschichte könnten die Seen unterschiedlicher kaum sein. Der Kinzigsee gehört den Menschen und ist mit 650 Metern Sandstrand, großer Liegewiese, Volleyballfeldern und Kinderspielplatz ein echter Besuchermagnet. In der Vergangenheit hatte es allerdings immer wieder Probleme mit der Wasserqualität gegeben, weil sich der Badesee nur aus dem Sickerwasser des benachbarten Ruhlsees speist. Nachdem immer wieder Badeverbote ausgesprochen worden waren, kam man 2004 auf die unkonventionelle Idee, den Schwimmbereich mit einer Tauchwand abzugrenzen – mehr als 400 Meter lang und über sechs Meter tief. Durch eine chemische Behandlung der Badezone konnte dort nahezu Trinkwasserqualität erreicht werden.

Einmal über den schmalen Damm geschaut, bietet der Ruhlsee ein völlig anderes Bild. Dort wurden am Südufer Flachwasserzonen geschaffen, auf kleinen künstlichen Inseln können seltene Bodenbrüter ungefährdet ihre Eier ablegen. Gut zehn Jahre nach Abschluss der Renaturierung ist das Projekt ein großer Erfolg, es wimmelt von Reihern, Enten, Kormoranen und Gänsen, in der Zugzeit ganz besonders. Und natürlich schaut auch mal der Storch vorbei, der sich mittlerweile im ganzen Kinzigtal wieder wohlfühlt. Einen guten Blick auf die Naturschutzzone gibt's aus sicherer Entfernung direkt am Südende des Strandbads – wer Tiere liebt, nähert sich leise. Platz für Party und Ausgelassenheit gibt's nebenan am Kinzigsee schließlich mehr als genug.

Adresse Am Kinzigsee 1, 63505 Langenselbold | **ÖPNV** vom Bahnhof Langenselbold circa 25 Minuten zu Fuß | **Anfahrt** A66 bis Langenselbold, dort ausgeschildert | **Öffnungszeiten** Infos unter www.langenselbold.de/freizeit-leben-kultur | **Tipp** Ein weiterer guter Platz zur Vogelbeobachtung sind die Weideswiesen im benachbarten Erlensee-Rückingen.

70 Der Weg »An der Gründau«

Unterwegs am Ufer

Auf seinem letzten Abschnitt kommt der knapp 30 Kilometer lange Kinzigzufluss noch einmal ganz groß raus. Denn die Macher des Regionalparks Rhein-Main haben den Weg entlang der Gründau im Stadtgebiet von Langenselbold mächtig aufgehübscht und damit gleichzeitig eine Verbindung zwischen den Radrouten R3 und Hohe Straße geschaffen.

Die erste Attraktion nennt sich »Romantischer Garten« und hat genau damit überhaupt nichts zu tun. Zwischen der Autobahn und dem Zubringer zum Langenselbolder Dreieck gibt eine lärmumtoste Bank den Blick über eine verwilderte Wiese auf einen grünen Kubus frei. Laut Schild ist das ein Sinnbild für die verlorene Idylle. Ach so. Hübscher anzusehen ist der Bachtanz-Brunnen einen knappen Kilometer weiter. Eine kleine Figur steht in einem beeindruckenden Wasserwirbel und erinnert an eine örtliche Sage. Die Selbolder sollen sich im 15. Jahrhundert gegen die Steuerforderungen der Ysenburger Grafen aufgelehnt haben. Nach einem Gefecht wurde die Obrigkeit in die Flucht geschlagen, was die Frauen des Ortes veranlasst haben soll, freudvoll in der Gründau zu tanzen.

Ein herrlicher Ort zum Austoben ist der Wasserspielplatz ein Stück flussaufwärts. Mit der archimedischen Wasserschnecke und allerlei tollen Spielgeräten bleibt am flachen Ufer kein Fuß trocken und kein Kleidungsstück frei von Matsch. Die nächste Station nennt sich »12 Stühle« und steht ein bisschen verloren auf dem Vorplatz einer Turnhalle, deutlich attraktiver sind die »4 Liegen«, die den Radler vor dem Aufstieg zur Ronneburg noch mal zum Relaxen einladen. Wer das Steilstück meiden will, kehrt um und macht auf dem Rückweg Station im idyllischen Biergarten der Obermühle. Auch wenn sich die Ausschilderung hier und da nicht ganz perfekt präsentiert, ist es schön zu sehen, wie Langenselbold und der Fluss durch den Weg »An der Gründau« wieder zusammengefunden haben.

Adresse zieht sich durch die ganze Stadt zwischen Kinzigsee und Obermühle | ÖPNV Bus MKK 54 ab Hanau Freiheitsplatz bis Langenselbold Marktplatz, dort an der Gründaubrücke geht's los | Anfahrt A66 bis Langenselbold, dort über Kinzigstraße, Gelnhäuser Straße, Steinweg und Brühlweg zum Parkplatz an der Sporthalle | Tipp Im gesamten Stadtgebiet nicht schneller fahren als erlaubt, die Blitzer stehen an den verwegensten Stellen!

71 Das Paradieschen

Gutgewissensgenuss

Wer sich Mitte der 1990er Jahre mit Lebensmitteln aus ökologischem Anbau ernähren wollte, hatte es nicht leicht. Bio-Supermärkte waren genauso schwer zu finden wie umweltbewusste Erzeuger, vom belächelten Image der »Ökos« ganz zu schweigen. Allerdings steckte in der Branche ein riesiges Potenzial. Für die Brüder Kurt und Mario war es aber weniger das geschäftliche Kalkül, sondern vielmehr die Überzeugung für verantwortungsvoll produzierte Lebensmittel, die sie in ihre Geiselbacher Garage trieb. Dort packten die beiden 1995 die ersten Gemüsekisten aus regionalem Anbau und tuckerten mit einem uralten Transporter zu ihren Kunden. Ein Jahr später folgte der erste Laden, eine zwölf Quadratmeter große Gartenhütte. Nach und nach kamen immer mehr Kunden, Lieferanten und Mitarbeiter dazu, das Unternehmen wuchs und bezog kurz nach der Jahrtausendwende eine neue Packhalle samt Verkaufsraum, immer noch im Kahlgrund. Aber irgendwann stießen auch diese Räumlichkeiten an ihre Grenze, für die Expansion wurde ein neuer Standort gesucht – und jenseits der Landesgrenze in Linsengericht gefunden.

Seit 2014 steht der kühne Palast aus Glas und Holz am Ortsrand von Altenhaßlau. Die Leser der »Schrot & Korn« wählten das Paradieschen zum besten Bio-Supermarkt Deutschlands, Kurt und Mario wurden als Unternehmer des Jahres ausgezeichnet und beschäftigen mittlerweile weit über 100 Mitarbeiter. Die verwöhnen ihre Kunden mit Frühstück, zwei wechselnden Mittagsmenüs, viel Fachwissen und dem Elan, der nur entsteht, wenn ein ganzes Team auf einer Wellenlänge schwimmt. Das Versprechen, hier »gute Produkte von netten Menschen« zu kaufen, wird vollumfänglich eingelöst. Natürlich alles etwas teurer als beim Discounter. Aber zu wissen, woher das Ei, das Fleisch oder die Rübe kommt, wie produziert und transportiert wurde, ist die paar Euro extra wert. Und das Einkaufsambiente allemal!

Adresse An der Wann 1, 63589 Linsengericht, www.paradieschen.de | ÖPNV ab Gelnhausen Bahnhof circa 15 Minuten zu Fuß | Anfahrt A66 bis Gelnhausen-Ost, von dort Richtung Linsengericht, gleich am Kreisel | Tipp Gut eingedeckt mit Bio-Lebensmitteln ist der Wanderweg 1 rund um Linsengericht mit seinen 24 Kilometern gut zu bewältigen. Infos auf der Homepage der Gemeinde.

72 Das Radiomuseum

Ultrakurzweile

Wer mit legendären Namen wie Saba, Telefunken oder Wega noch etwas anfangen kann, wird von den Schaustücken im Dachgeschoss vom Haus der Vereine begeistert sein. Dort haben Hörfunk-Freaks eine ehemalige Privatwohnung in ein wunderbares Museum verwandelt. Auf einer Zeitreise von den 1920er Jahren bis heute wecken viele der 400 Exponate Erinnerungen an die Epoche, als Oma und Opa anstelle eines Fernsehers noch so ein wuchtiges Röhrengerät im Wohnzimmer stehen hatten.

Besonders stolz sind die Macher auf ihre gesammelten Kuriositäten, mit denen im Lauf der Jahrzehnte der Musikkonsum vereinfacht werden sollte. Sei es ein Rutschsystem für den automatischen Kassettenwechsel oder das »Schaub Lorenz Music Center 5001«, das auf 126 Spuren 140 Stunden Tonkunst speichern konnte. Höhepunkt der technischen Neuerungen, die sich nicht durchgesetzt haben, ist ein kleiner VW Bulli aus den 1970er Jahren, der mit Tonabnehmer und Lautsprecher ausgestattet direkt auf einer Schallplatte seine Runden dreht und dabei einen sehr zweifelhaften Hörgenuss verursacht. Weil man den Geräten als Laie ihre Besonderheiten oft gar nicht ansieht, ist eine Führung mit einem der Vereinsmitglieder am spannendsten und amüsantesten.

Abgesehen von der Ausstellung wird in einer Radioklinik auch Hilfe bei der Reparatur älterer Apparate angeboten. Wer ein museales Stück wieder zum Laufen bringen möchte, ist mit den Ratschlägen der Technikprofis gut bedient. Und wer ein ganz besonderes Schätzchen als Spende oder Leihgabe zur Verfügung stellen will, kann sich gern an die Museumsmacher wenden. Allerdings bitte nur mit Fotos, damit die Vereinsmitglieder eine Vorauswahl treffen können. Denn die Räumlichkeiten im Dachgeschoss sind endlich und sollen mit möglichst variantenreichen Ausstellungsstücken gefüllt werden. Und dummerweise nehmen ja gerade die schönsten Musiktruhen auch immer den meisten Platz weg.

Adresse Florianstraße 6–8, 63589 Linsengericht, www.radio-museum.de | ÖPNV circa 15 Minuten zu Fuß vom Bahnhof Gelnhausen | Anfahrt A66 bis Gelnhausen-West, nach Altenhaßlau über die Hauptstraße, dann links in die Florianstraße | Öffnungszeiten jeden 2. Sonntag im Monat 14–18 Uhr | Tipp Noch mehr Erinnerungen gibt's im Dorfmuseum Altenhaßlau oder im Heimatmuseum »Ahles Gelerrsch« in Eidengesäß.

73__Der Regiomat

Lokale Leckereien

Der Wanderer hat das Hochplateau über Großenhausen erklommen, genießt die Ruhe und die Aussicht und hat Durst. Im schlimmsten Fall auch noch Hunger. Doch kein Gasthaus, kein Laden, nicht mal eine Tanke bietet irgendetwas an. Die Rettung steht an der Hauptstraße von Waldrode: der Regiomat.

In einem freundlichen Holzhäuschen können sich Wanderer, Dorfbewohner und Durchreisende seit Sommer 2019 mit regionalen Bioprodukten versorgen. Der Automat ist gefüllt mit Käse, Eiern, Wurst, Wasser und Limonade und steht 24/7 zur Verfügung. Initiiert wurde die kleine Infrastrukturmaßnahme von Kreis und Spessart-Tourismus, bewerben konnte sich jeder, der drei Bedingungen erfüllte: kein anderer Nahversorger im Dorf, Wanderwege in der Nähe und ein fester Partner vor Ort, der sich regelmäßig um den Verkaufsautomaten kümmert.

In Waldrode sind das Tobias und Henry Groh vom benachbarten Ziegenhof. Sie bestücken den Regiomat zu etwa einem Viertel mit ihren Produkten, Käse vom Schaf und der Kuh werden von anderen Biohöfen zugekauft, die Eier kommen vom Hofgut Marjoß, das Wasser aus Biebergemünd, die Säfte aus Freigericht und die Limo aus dem bayrischen Spessart. Für die beiden Landwirte geht mit dem Automaten ihr Traum der Direktvermarktung in Erfüllung, denn für einen Hofladen bräuchten sie Personal – und das würde sich wohl nicht rechnen. Mehrmals pro Tag checken die Ziegenbauern, ob die elektronische Verkaufshilfe nachgefüllt werden muss, wer nämlich sein Lieblingsprodukt nicht kriegt, kommt möglicherweise nicht wieder. Engpässe kann es höchstens mal in der Nacht geben, denn erstaunlich gute Umsätze erzielt der Regiomat nach Einbruch der Dunkelheit. Warum, das können sich die Grohs auch nicht so recht erklären. Vielleicht gibt es im Spessart ja geheime Vollmond-Riten, bei denen Ziegencamembert, naturtrübe Saftschorlen und sechs rohe Eier eine entscheidende Rolle spielen.

Adresse Birkenhainer Straße, 63589 Linsengericht-Waldrode | ÖPNV ab Gelnhausen Bahnhof Bus MKK 58 bis Waldrode Feuerwehr | Anfahrt A66 bis Gelnhausen-West, Richtung Freigericht, über Lützelhausen und Großenhausen nach Waldrode | Tipp Wer's lieber italienisch mag, wird an der Landstraße kurz vor Bernbach in der Trattoria Aubergine glücklich, original toskanisches Flair.

74__Die Alteichen

Mussten niemals weichen

Was war im Jahr 1710 los auf der Welt? In Sachsen wird die Meissener Porzellanmanufaktur gegründet, in Ostpreußen stirbt ein Drittel der Bevölkerung an der Pest, in Preußen entsteht aus fünf bislang unabhängigen Ortschaften die neue Hauptstadt Berlin. Und im Wald zwischen Bischofsheim und Enkheim sprießen ein paar Eichentriebe aus der Erde. Von Bäumen, die dort heute noch stehen!

Der älteste Baum auf Main-Kinzig-Kreis-Seite dürfte ein Koloss sein, der zwischen Gänseweiher und Fußballstadion steht, kurz hinter dem Zaun zum Sportplatz. Er hat einen Stammumfang von fast vier Metern, wird von einigen Artgenossen auf Frankfurter Stadtgebiet in puncto Alter und Größe aber noch überragt. Ein paar besonders beeindruckende Exemplare befinden sich auf einem Rastplatz zwischen dem Kleingartenverein »Möllers Wäldchen« und dem ehemaligen Enkheimer Wasserwerk. Erstaunlich ist, dass die Bäume mehr als 300 Jahre lang niemals gefällt, verheizt oder sonst wie verarbeitet wurden. Das dürfte daran liegen, dass der Forst im westlichsten Zipfel des Kreises schon seit Jahrhunderten für die Waldwirtschaft gepflegt wird, die systematischen Aufforstungen könnten zusammen mit dem Nürnberger Reichswald die ältesten in ganz Deutschland sein.

Und woher wissen wir jetzt, wie alt die Bäume sind, wo sie's uns doch nicht erzählen können? Ganz einfach: Wir spannen etwa in menschlicher Brusthöhe ein Maßband um den Stamm, messen den Umfang in Zentimetern, ziehen ein paar für die Rinde ab und multiplizieren diesen Wert mit 0,8. So kann für eine Eiche im Wald das Alter ziemlich präzise herausgefunden werden. Und wer kein Messwerkzeug beim Spaziergang dabeihat, lehnt sich einfach an einen der wuchtigen Bäume und sinniert, was der schon alles überlebt hat: Goethe, Schiller, Bismarck, Kriege, Dürren und den Bau von A66 und Hessencenter. Auf die nächsten 300, ihr großartigen Giganten!

Adresse Gänseweiher, Fechenheimer Weg, 63477 Maintal | **ÖPNV** ab U-Bahn Frankfurt-Enkheim Bus MKK25 bis Maintal-Bischofsheim Taunusstraße | **Anfahrt** A66 bis Maintal-Bischofsheim, über Am Kreuzstein und Rumpenheimer Weg bis Fechenheimer Weg, am Ortsausgang rechts | **Tipp** Ein Stück weiter liegt auf Frankfurter Gebiet der wunderschöne Waldspielplatz im Heinrich-Kraft-Park.

75_Die Kennedystraße

Den kennen die persönlich

Fast jede deutsche Stadt hat eine Straße, die nach dem ehemaligen US-Präsidenten benannt ist. Maintal auch, nur mit einem Unterschied: Hier war John F. Kennedy wirklich! Beim Deutschland-Besuch im Juni 1963, wenige Monate vor seiner Ermordung, ließ sich der populäre Politiker auf der Route von Langendiebach nach Frankfurt an der ehemaligen Bundesstraße 8 bejubeln.

Vor dieser Fahrt hatte der Präsident die Fliegerhorst-Kaserne im heutigen Erlensee besucht. 15.000 US-Soldaten präsentierten ihm, womit die Sowjettruppen abgeschreckt werden sollten: 700 Panzer, Flugzeuge, Radaranlagen und Nuklearwaffen. Der Standort in Langendiebach galt im Kalten Krieg als besonders wichtig, von hier aus sollte die Bundesrepublik verteidigt werden, falls die Truppen des Warschauer Pakts über den berühmten »Fulda Gap« in den Westen einmarschierten.

Nachdem Kennedy allerlei Flecktarn und Schießgerät bewundert hatte, ging es im offenen Mercedes-Benz 300 d Pullman über Dörnigheim Richtung Römer und Paulskirche. Im selben Auto befanden sich Vizekanzler Ludwig Erhard und der hessische Ministerpräsident Georg-August Zinn, die von ihrem Gast allerdings nicht viel hatten, weil der die gut einstündige Fahrt fast nur stehend und winkend verbrachte. 60.000 begeisterte Frankfurter empfingen den Staatsgast auf dem Römerberg, wo es zu einer legendären Szene kam: Der Ministerpräsident hob mehrfach zu einer Rede an, die aber niemand hören wollte, stattdessen nur »Kennedy, Kennedy«-Rufe. Also ergriff der Amerikaner das Wort und entkrampfte die Situation mit einem Joke. Zinn habe ihm auf der Fahrt alle Politiker der SPD präsentiert, Erhard auf alle Vertreter der CDU hingewiesen. Er selbst habe den Unterschied aber nicht bemerkt, so Kennedy, da er keine Parteien, sondern nur Freunde gesehen habe. Hach, ein Bonmot zur rechten Zeit! Irgendwie kann man die Begeisterung für diesen Mann verstehen.

Adresse Kennedystraße, 63477 Maintal | **ÖPNV** Bus MKK 22 ab Bahnhof Maintal Ost bis Maintal Frankfurter Straße | **Anfahrt** A66 Ausfahrt Maintal-Dörnigheim, über die Umgehungsstraße bis zur Kennedystraße | **Tipp** Ein kleines Naturparadies ist die »Grüne Mitte« zwischen Bischofsheim und Dörnigheim, wo zuletzt in Steinhügeln und Holzhaufen umgesiedelte Zauneidechsen ein neues Zuhause gefunden haben.

76__Die Maintaler Seifenmanufaktur

Schäumende Schönheiten

Schon im Treppenhaus strömt dem Besucher ein verlockender Duft in die Nase, mit jeder Stufe Richtung Keller wird er intensiver. Hier unten ist das Reich von Seifensiederin Angelika Bauernfeind. Sie hat knapp 20 verschiedene Sorten im Angebot, die nicht nur unterschiedlich duften, sondern je nach Rezeptur die Haut glätten, mit Feuchtigkeit versorgen, mehr oder weniger Schaum bilden oder auch für Allergiker geeignet sind. Die Zusammensetzung für jede einzelne Seife denkt sich die Meisterin des wohlriechenden Waschstücks selbst aus, auch wenn sie bis zum Idealzustand schon mal zwei Jahre experimentieren muss. Ist dieser erreicht, muss die Rezeptur auf Gramm und Milliliter genau an ein Labor geschickt und dort geprüft sowie sicherheitsbewertet werden. Einfach mal nach Lust und Laune ein bisschen mehr Mandelöl oder einen Extraklecks Sheabutter zugeben ist tabu.

Auf keiner Liste tauchen allerdings die zwei wichtigsten Zutaten auf: Bauernfeinds Begeisterung und Liebe für ihre Produkte. Wer diese Frau mit leuchtenden Augen und großem Fachwissen von ihrer Hingabe für Öle, Fette und Düfte schwärmen hört, kann sie nur für eine Chemikerin oder wenigstens Drogistin halten. Dabei arbeitet Bauernfeind bei der Bank, in ihrem Keller lebt sie nur den Wunsch aus, nach einem Tag im Büro etwas Eigenes zu erschaffen. Geweckt hat diese Leidenschaft ihr Sohn, der vor ein paar Jahren im Chemie-Unterricht Seife herstellen sollte. Er hat seiner Mutter gezeigt, wie es geht, und damit eine bis heute unerklärliche Faszination geweckt. Seitdem hat sie sich alle möglichen Utensilien besorgt und verschwindet so oft wie möglich gut gelaunt für ein paar Stunden im Untergeschoss. Abgesehen von der Wirkung sind die Seifen auch durch ihr Design und Dekor ganz besondere Stücke. Hergestellt von einer ganz besonderen Frau, die man um den Enthusiasmus für ihr Hobby fast schon beneidet.

Adresse Bleichstraße 13, 63477 Maintal, www.maintalerseifenmanufaktur.de | **ÖPNV** ab Hanau-Freiheitsplatz Bus MKK 32 bis Wachenbuchen Brucknerstraße | **Anfahrt** A66 Ausfahrt Maintal-Dörnigheim, dort nach Wachenbuchen, im Ort rechts in die Schulstraße, dann über die Burg- in die Bleichstraße | **Tipp** Ein Bummel durch den schönen Ortskern des benachbarten Hochstadt, dem hübschesten Stadtteil von Maintal.

77 Die Johanniter-Kommende

Geschichtsträchtig

Das schönste und wahrscheinlich auch älteste Gebäude des Dorfs liegt ein bisschen versteckt unterhalb der Kirche am Ortsrand. Der stattliche Bau mit seinen romanischen und gotischen Stilelementen stammt aus dem Jahr 1260, sehr viel ist über seine Geschichte allerdings nicht bekannt. Als sicher gilt, dass die Herren von Rüdigheim ihre Güter ein paar Jahre vorher dem Johanniterorden übertragen hatten, der am ehemaligen Stammsitz der Ortsadligen die Kommende errichtete.

Diese Häuser waren einerseits die Niederlassungen geistlicher Ritterorden, andererseits auch Verwaltungssitze. Der Komtur an der Spitze kümmerte sich um die erfolgreiche Bewirtschaftung der Ländereien, erhob Abgaben und trieb den Grund- und Gewerbezins von den Untertanen ein. Die Blütezeit als Administrationszentrum für die gesamte Region von Gelnhausen bis Reichelsheim in der Wetterau endete allerdings schon mit Einführung der Reformation durch den hanauischen Schirmvogt 1550. Danach wurde die selbstständige Kommende dem Komtur von Frankfurt unterstellt.

Mindestens genauso alt und sehenswert ist die Kirche auf dem Hügel nebenan. Ihr Bau wurde wahrscheinlich schon ums Jahr 1100 begonnen, ihre heutige Form und Größe gaben ihr die Johanniter ebenfalls 1260. Sie wurde nach dem Übertritt des Hanauer Grafen zum reformierten Bekenntnis evangelisch, die Kommende kam kurz darauf im 17. Jahrhundert auch in Besitz der protestantischen Gemeinde. Die hat viele hundert Jahre später den ehemaligen Ordenssitz von Grund auf renoviert und mit Theke, Kühl- und Spülmöglichkeiten zu einem Premium-Spot für Zelebrationen in geschichtsträchtigem Ambiente umgebaut. Wo also könnte man idealer eine Taufe oder eine Hochzeit feiern als in diesem wunderschönen Gesamtensemble, in dem die Partylocation von der historischen Dorfkirche nur durch ein paar blumengesäumte Treppenstufen getrennt ist?

Adresse Kirchstraße, 63543 Neuberg | ÖPNV ab Langenselbold Bahnhof Bus MKK 57 bis Neuberg-Rüdigheim Rathausstraße | Anfahrt A45 Ausfahrt Langenselbold-West, durch Ravolzhausen nach Rüdigheim, am Ortsende rechts | Tipp Historie macht Hunger? Kann bei »Emmel's Dinkelrind« in Ravolzhausen gestillt werden. Infos unter www.dinkelrind.de.

78 Die neue Stadtmitte

Missglückt

Man muss nicht jeden Trend mitmachen, das ist mal klar. Aber sich in einer derartigen Vehemenz allen aktuellen Erkenntnissen pro Innenstadtbelebung und contra Flächenversiegelung zu widersetzen, das ist Nidderau schon besonders beeindruckend gelungen.

Herzstück der neuen Stadtmitte ist ein Parkplatz. Da passen mehr als 200 Autos drauf, die im Sommer ein schattenloses Dasein fristen, weil auf Bäume zugunsten des individualisierten Motorverkehrs fast komplett verzichtet wurde. Umrahmt wird die Abstellfläche von einer phantasielosen Ladenzeile, die am Nordostrand in ein bizarres Hochhaus mit Rooftop-Bar mündet. Von dort hat der Besucher entweder den Blick auf rangierende Autos oder den betonverplombten Platz zwischen Einkaufszentrum und der ersten Wohnzeile. Auf dieses Areal haben sich tatsächlich ein paar Bäume, ein hilfloses Wasserspiel und etliche Bänke verirrt, richtig viele Passanten wollen das sterile Ambiente meist aber nicht genießen.

Mit Eröffnung der Neuen Mitte 2016 ging ein Prozess zu Ende, der schon in den Jahrzehnten davor nicht funktioniert hatte: das Zusammenwachsen der beiden größten Stadtteile. Wahllos wurden an einer Magistrale zwischen Windecken und Heldenbergen eine Schule, ein Kinocenter, ein Schwimmbad und die Stadtverwaltung verteilt, jedes Gebäude ein Solitär verschiedener Bauepochen ohne jegliche Verbindung zueinander, dafür mit umso mehr Parkfläche davor.

Und so reiht sich auch das jüngste Mosaikstück in den Kanon des Misserfolgs ein, auf der grünen Wiese ein neues Ortszentrum und urbanes Leben entstehen zu lassen. Beenden wir dieses anklagende Kapitel mit der Weissagung der Cree in einer speziellen Nidderau-Adaption: Erst wenn die letzte Altstadt entvölkert, das letzte Feld versiegelt, der letzte Einkauf mit einer Autofahrt verbunden ist, werdet ihr feststellen, dass man in Fachmarktzentren keine Aufenthaltsqualität findet.

Adresse Gehrener Ring 1, 61330 Nidderau | ÖPNV Bus 562 ab Hanau Freiheitsplatz bis Nidderau-Heldenbergen Rathaus oder mit dem Zug bis Nidderau-Windecken | Anfahrt A66 bis Hanau-Nord, über die B45 nach Nidderau | Tipp Um nicht als kompletter Nörgler dazustehen: Mit dem »Familienspielpark Allee Süd« am Rande des Neubaugebiets hat man sich sehr viel Mühe gegeben!

79 Das Untertor

Einlasskontrolle

An der ersten Station des »Historischen Wegs« durch den Eichener Ortskern heißt es, der Name leite sich wahrscheinlich von den Eichenwäldern der Umgebung ab. Kann sein, es gibt allerdings auch andere Theorien. Denn in der ältesten erhaltenen Urkunde ist 1035 von »Eichine« die Rede, das sich wohl von »Eichon« ableitet, was wiederum im »Wörterbuch der althochdeutschen Sprache« ins lateinische »vindicare« zwischenübersetzt wird. Dieses Verb kann nun auf verschiedene Weise verstanden werden, im Zusammenhang mit einem Ortsnamen am ehesten als »frei machen« – also quasi ein eigener, eigenständiger Ort.

Nun wurde dieses »eichine« Dorf im Dreißigjährigen Krieg 1635 vollkommen zerstört und sollte mit verbesserten Sicherungsmaßnahmen wiederaufgebaut werden. Eine richtige Stadtmauer wäre zu teuer gewesen, deswegen griffen die Eichener zu einem Trick: Sie bauten ihre Scheunen kreisförmig an den Ortsrand, sodass deren Außenwände schon einen Schutzwall darstellten, die Lücken dazwischen wurden mit undurchdringlichem Dornengebüsch bepflanzt. So kam niemand in den Ort, der nicht eins der beiden Tore dafür nutzte. Das Obertor im Bereich Obergasse/Friedhofstraße wurde irgendwann abgerissen, das hübsche Untertor aus dem Jahr 1682 existiert bis heute, sein Glück dürfte gewesen sein, dass die Hauptverkehrsadern im Ort schon früh um die enge Durchfahrt herumgeleitet wurden.

Ob das Tor je auch die Funktion erfüllte, Menschen nicht aus dem Dorf herauszulassen, ist nicht überliefert. Die Idee aber gab's zumindest, als sich 1761 die Kirche beim Eichener Schultheiß beschwerte. Der solle das Tor am Sonntagvormittag verriegeln, weil zu viele junge Männer den Gottesdienst schwänzten und sich bei der Linde außerhalb des Ortes trafen. Aber wer kann es den Burschen verdenken? Es liegt ihnen im Blut. Wo wir doch weiter oben gerade erst gelernt haben, was Eichine bedeuten mag: frei machen!

Adresse Kleine Gasse 4, 61130 Nidderau-Eichen | **ÖPNV** mit dem Zug bis Nidderau-Eichen, 500 Meter Fußweg | **Anfahrt** A45 bis Altenstadt, Richtung Nidderau, dann links nach Eichen, im Ort Richtung Bahnhof | **Tipp** Storchenfans kommen in den Nidderwiesen rund ums Dorf voll auf ihre Kosten.

80 Heimat des Zuckerstreuers

Süße Geschichte

Heinrich Kurz aus der Judengasse muss ein Mann mit einem unglaublichen Kreativitätsüberschuss gewesen sein. Im Laufe seines Lebens erfand der gelernte Sattler unter anderem eine rotierende Waschmaschine, einen Pfannkuchenwender, einen Toilettenaufsatz für Kinder und eine Methode, den Schiefen Turm von Pisa wieder gerade zu biegen. Bis auf die Nummer mit Pisa (die übrigens auch nie ausprobiert wurde) dürften die meisten Tüfteleien schlicht dazu gedient haben, den Alltag des alleinerziehenden Witwers zu vereinfachen. Denn seine Frau starb 1899, nur drei Monate nach der Geburt des sechsten Kindes.

Vielleicht hat es Kurz mit seinen vielen Kindern eines Tages genervt, dass ständig unterschiedliche Löffel in die Zuckerdose wanderten, wenn nicht gleich dreckige Patschehändchen, dass der Zucker Feuchtigkeit zog und infolgedessen klumpte – und dass man in Porzellan- und Holzgefäßen nie genau sah, wie viel noch drin war. Jedenfalls war er es, der ein Gefäß ausklügelte, das alle Probleme auf einmal löste: den Zuckerstreuer. Durchsichtig, verschraubbar und mit einer angeschrägten Streutülle, die immer eine etwa gleiche Menge Zucker portionierte. Wie für alle anderen Erfindungen meldete Heinrich Kurz auch für diesen Geniestreich kein Patent an. Er starb 1934 als armer Mann. Sein Enkel war geschäftstüchtiger. Er ließ sich die Idee aus dem Notizbuch seines Opas 1953 schützen und nahm mit seiner Firma Helly in Hanau direkt ein Jahr später die Produktion auf. Und so gelangte die Erfindung aus Windecken auf die Tische der Wirtschaftswunderzeit, verbindet bis heute Funktion und Design und süßt mit präziser Dosierung jedes Heißgetränk. Und wenn die Erfindung dem fleißigen Herrn Kurz schon keinen Reichtum gebracht hat, setzte ihm sein Enkel mit dem offiziellen Handelsnamen des Original-Helly-Zuckerstreuers doch ein Denkmal. Er hieß: »Der süße Heinrich«.

Adresse heutiger Straßenname ist Synagogenstraße, 61130 Nidderau-Windecken | ÖPNV ab Hanau Freiheitsplatz Bus 562 bis Nidderau-Windecken Hochmühle | Anfahrt A66 bis Hanau-Nord, B45 bis Windecken, im Ort Richtung Ostheim, hinter der Altstadt links in die Ostheimer Straße | Tipp An der Straßenecke Ostheimer/Friedrich-Ebert-Straße steht komplett eingezäunt ein trauriges Wippspielgerät, das es als »einsamstes Schaukelpferd der Welt« schon ins Fernsehen geschafft hat.

81 Das alte Rathaus

Stolz der Stadt

Das sehenswerteste Gebäude in der schmucken Altstadt von Windecken ist zweifellos das alte Rathaus. Das charakteristische Gebäude mit seinem auffälligen Staffelgiebel hat kürzlich seinen 500. Geburtstag gefeiert, wobei die gotischen Spitzbogenarkaden im Erdgeschoss nahelegen, dass zumindest Teile des Hauses noch älter sein könnten. Hier unten ging es früher in eine offene Markthalle, heute ist der ebenerdige Bereich mit Fenstern und Türen versehen und in den Innenraum integriert.

Ein genauerer Blick lohnt sich auf den kunstvollen Erker im ersten Stock. Er diente den Ratsherren früher wohl dazu, das Geschehen auf dem Platz im Blick zu behalten und bei Bedarf Neuigkeiten von dort zu verkünden. Das Wappen, flankiert von spätgotischem Zierrat, zeigt die schon damalige Zugehörigkeit zur Grafschaft Hanau-Münzenberg. Unter einem flatternden Schwan und einem verzierten Helm drei Sparren, so nennt man in der Wappenkunde diese spitzen Balken – und die haben es von Hanau aus weit gebracht. Durch geschicktes Heiraten, Erben und sonstigen Familienklüngel sind die Wappen-Zacken bis in die Pfalz, nach Baden und sogar ins Elsass gekommen. Ob im Emblem des Landkreises Südwestpfalz, der Gemeinde Pirmasens-Land oder des ehemaligen Kreises Kehl, wo immer drei rote Sparren auf goldenem Grund auftauchen, hatten die Hanauer Grafen oder ihre Nachfahren die Finger im Spiel.

Auf dem Wappen der zusammengelegten Stadt Nidderau müssen sich die Zacken den Platz übrigens mit einem Reichsadler teilen, den Heldenbergen als ehemaliger Teil der Burggrafschaft Friedberg mitbrachte. Und auch das alte Rathaus in Windecken hat seine Funktion verloren, nachdem im Niemandsland zwischen den beiden größten Stadtteilen ein grässlicher Neubau bezogen wurde. Belohnt wurden allein die Leseratten, denn seit 1996 logiert hier die Stadtbücherei im wahrscheinlich schönsten Bibliotheksgebäude ganz Hessens.

Adresse Marktplatz 1, 61130 Nidderau | **ÖPNV** mit dem Zug bis Nidderau-Windecken oder Bus 562 ab Hanau Freiheitsplatz bis Nidderau Willi-Salzmann-Halle | **Anfahrt** A66 bis Hanau-Nord, B45 bis Windecken, parken an der Willi-Salzmann-Halle | **Tipp** Das Café »Eisbegehrt« am Marktplatz hat für seine ausgefallenen Eiskreationen einen guten Ruf.

82 Die Wurzeln der Lindts

Maître Chocolatier

Bis in die zweite Hälfte des 19. Jahrhunderts war es kein Genuss, Schokolade zu essen, sondern eher eine mehlige Angelegenheit, krümelig und bitter dazu. Das änderte sich erst, als Rodolphe Lindt 1879 in Bern die Conchiermaschine erfand. Das Problem bis dato war, dass in der Masse aus Zucker, Kakao und Milchpulver eine kleine Restfeuchtigkeit blieb, die den Zucker nach dem Mischen wieder kristallisieren ließ – und schon bröselte alles vor sich hin. In der Conche erwärmt die Reibung von Granitwalzen die süße Masse und macht sie flüssig. Das Kneten und Durchlüften senkt die Restfeuchte auf weniger als ein Prozent, es entsteht eine dickflüssige Köstlichkeit, die auf der Zunge vergeht. Allerdings dauert dieser Vorgang stundenlang, auch heute noch. Gerüchte besagen, Lindt habe seine Entdeckung nur zufällig gemacht, weil er übers Wochenende vergessen hatte, die Maschine abzuschalten. Stolze 72 Stunden soll sie vor sich hin gewalkt haben. Wie auch immer, wir sind ihm dankbar.

Und was hat das alles mit Windecken zu tun? Jede Menge, denn die Geschichte der Lindens oder Lyndens lässt sich im Ort bis Ende des 15. Jahrhunderts zurückverfolgen. Die Familie brachte es im Lauf der Generationen als Ärzte und Apotheker zu Ansehen, der Nachname hatte sich schon in »Lindt« gewandelt, als Johann Martin um 1750 Hessen verließ und in die Schweiz auswanderte. Er war der Urgroßvater von Rudolf, der sich später »Rodolphe Lindt fils« nannte, weil's frankophon irgendwie schicker klang. Teile der Familie sind aber auch in Windecken geblieben und haben bis 1900 in der heutigen Eugen-Kaiser-Straße eine Bäckerei betrieben.

2010 widmeten Stadt, Kulturring und Gewerbeverein ihrem berühmten Sohn eine Ausstellung mit dem schönen Namen »Nidderau von seiner Schokoladenseite«. Und spätestens seitdem kennt hier jeder die Antwort auf die berühmte Frage: »Wer hat's erfunden?«. Der Rudolf nämlich!

Adresse Zuletzt sollen die Lindts in der heutigen Eugen-Kaiser-Straße 18 gewohnt haben. | ÖPNV Bus 562 ab Hanau Freiheitsplatz bis Windecken Feuerwehrhaus | Anfahrt A66 bis Hanau-Nord, dort auf B45 bis Nidder-Windecken, in der Ortsmitte | Tipp Mehr über die Geschichte Windeckens gibt es im Heimatmuseum, Hospitalstraße 1.

83__Die Ölmühle

In der Presse

Heute wäre auf einem regionalen Erzeugermarkt ein Stand mit heimisch gepresstem Leinsamen-, Bucheckern- oder Walnussöl wahrscheinlich der Renner. Und der Produzent hoch angesehen. Früher wurde skeptisch beäugt, wer in einer Mühle arbeitete. Denn der Verdacht der Schummelei lag nahe, außerdem waren viele Müller Monopolisten. Die Bauern von Gronau, Bergen, Bischofsheim und aus dem Ort waren verpflichtet, ihr Getreide in Niederdorfelden mahlen zu lassen. Dafür durfte der Mahlmeister ein Sechzehntel als Lohn behalten, wobei ihm regelmäßig Betrug beim Abmessen unterstellt wurde.

Die Getreidemühle gegenüber der Wasserburg gibt es nachweislich schon seit 1266, die Ölmühle kam erst wesentlich später hinzu. Der Mühlstein wird auf 1799 datiert. Obwohl das Haus jenseits des Mühlgrabens also deutlich jünger ist, war es zur Jahrtausendwende in einem erbärmlichen Zustand. Die meisten im Dorf hatten das schwer erreichbare Gebäude schon völlig vergessen. Erst als auf private Initiative hin ein Förderverein gegründet wurde, wuchs das Interesse wieder. Die findigen Vereinsmitglieder akquirierten Gelder vom Land, vom Kreis, der Gemeinde und dem Denkmalschutz und machten sich ans Werk. In einigen tausend Arbeitsstunden zauberten sie aus dem abbruchreifen Haus ein kleines, spannendes Museum.

Dabei entschieden sie sich, den riesigen Mühlstein zur Ölpressung nicht mehr in Betrieb zu nehmen, weil dessen Vibration womöglich die Statik des alten Häusleins gefährdet hätte. Viel besser lässt sich der Pressvorgang an einem Modell im Maßstab eins zu zehn demonstrieren, das in liebevoller Arbeit entstanden ist und für Gäste angeworfen wird. Auch der Getreidemahlgang ist mittlerweile restauriert und sorgt mit seinem Getöse bei einer Besichtigung für großes Hallo. Ein Besuch der historischen Mühle lohnt sich auf jeden Fall, allein schon, um zu erfahren, was eigentlich ein »Kleiekotzer« ist.

Adresse Mühlgasse, 61138 Niederdorfelden, www.oelmuehle-niederdorfelden.de | **ÖPNV** ab Bahnhof Niederdorfelden circa zehn Minuten zu Fuß | **Anfahrt** B521 bis Niederdorfelden, parken am Bürgerhaus, der Beschilderung Wasserburg folgen, am Mühlgraben links, alles recht versteckt | **Tipp** Auch die Ruine der Wasserburg nebenan lohnt einen kurzen Besuch.

84 Das Grabmal

Prominente Verwandtschaft

Savigny. Das ist so ein typischer Name von Straßen und Plätzen in deutschen Städten, aber wer dieser Savigny eigentlich war, wissen die wenigsten. Rechtsgelehrter nämlich und Mitte des 19. Jahrhunderts »preußischer Minister für Revision der Gesetzgebung«, also eine Art Justizminister unter König Friedrich Wilhelm IV.

Noch unbekannter dürfte sein, dass Friedrich Carl von Savigny ein Dutzend Geschwister hatte, die alle starben, bevor sie volljährig wurden.

Caroline Wilhelmine Louise, eine der Schwestern, fand ihre letzte Ruhe auf dem Friedhof vor der Dorfmauer. Sie starb 1783 zwölfjährig auf Hof Trages und wurde in Niederrodenbach begraben, weil protestantische Tote im katholischen Freigericht unerwünscht waren. Von allen historischen Grabsteinen, die der Geschichtsverein entlang der Ringmauer postiert hat, ist Carolines der prächtigste: Ein Dreieck aus Buntsandstein steht auf einem breiten Sockel und wird von einem filigranen Engelskopf gekrönt – beziehungsweise jetzt wieder gekrönt, denn der Kopf galt jahrzehntelang als verschollen. Dabei war er gar nicht weit weg: Er lag zwischen Gewichtssteinen in Oberrodenbach, wo ihn ein Hobbyhistoriker auf der Suche nach Teilen für eine antike Turmuhr entdeckte.

Seitdem ist das Grabmal der kleinen Caroline von Savigny wieder komplett. Und um noch mal auf ihren Bruder zu sprechen zu kommen: Der heiratete 1804 in Meerholz eine gewisse Kunigunde, die wiederum die Schwester des Schriftstellers Clemens Brentano war, dessen andere Schwester Bettina ebenfalls als Autorin unter ihrem späteren Nachnamen von Arnim so berühmt wurde, dass sogar der Fünfmarkschein mit ihrem Antlitz bedruckt wurde. All das sollte man wissen, bevor man möglicherweise achtlos die Grabmale an der Rodenbacher Dorfmauer passiert und sich bei den ganzen Savigny-, Brentano- und Bettina-von-Arnim-Straßen in Deutschland fragt, wer das überhaupt war.

Adresse hinter dem Gebäude des Abwasserverbunds, Gelnhäuser Straße 2, 63517 Rodenbach | **ÖPNV** Bus MKK 51 und 52 ab Hanau Freiheitsplatz bis Niederrodenbach Sparkasse | **Anfahrt** A66 Ausfahrt Langenselbold, Richtung Rodenbach, in Niederrodenbach kurz hinterm Kreisel | **Tipp** Ein wunderbares Fotomotiv ist der benachbarte Wehrturm, am schönsten natürlich mit Störchen im Nest!

85 Der Burg-Klon

Abgekupfert

Sie ist möglicherweise das bekannteste Bauwerk im Kreis und hat viele Fans: die Ronneburg. Museum, Mittelaltermärkte, Ritterspiele und Falknerei ziehen jedes Jahr Tausende Gäste an.

Welche Geschichte über diesen Besuchermagneten ist also noch nicht erzählt? Vielleicht diese: dass die Ronneburg, oder zumindest ihr markanter Turm, einen Zwilling hat. Etwa 250 Kilometer südwestlich, in Lothringen.

Und das kam so: Teile dieses Landstrichs gehörten nach dem Krieg 1870/71 zum Deutschen Reich und wurden von Angehörigen der Siegermacht besiedelt. Unter ihnen John Haniel, Spross der Duisburger Unternehmerfamilie. Er kaufte sich in Landenweiler ein barockes Schloss und ließ es 1904 bis 1906 zu einer Art Phantasieburg umgestalten, quasi eine Enzyklopädie vergangener deutscher Baustile im neuen Reichsland. Dabei hat Architekt Bodo Ebhardt viele historische Vorbilder zusammengemischt, am deutlichsten ist die Reminiszenz an den Bergfried der Ronneburg. Ein hoher, runder Turm mit vier Giebeln, Balustrade und Helmdach. Okay, da hat der Architekt in Landenweiler noch eine exaltierte Spitze draufgesetzt, aber welchen Ärger allzu eindeutiges Plagiieren mit sich bringen kann, ist ja bekannt.

Ebhardt war der Lieblingsarchitekt von Kaiser Wilhelm II., der ein paar Kilometer weiter mit Schloss Urweiler eine hübsche Sommerresidenz hatte. Es gilt als wahrscheinlich, dass der nationalkonservative Haniel die Nähe des Kaisers gesucht hat und ihn vielleicht mit seiner deutschtümelnden Mixtur aus Neorenaissance und Neoromanik auch ein bisschen beeindrucken wollte. Viel Zeit blieb ihm dafür allerdings nicht, denn schon einen Krieg später wurde Lothringen wieder französisch, die Schlösser enteignet und aus Landenweiler abermals Landonvillers. Aber der Ronneburg-Bergfried-Klon steht dort immer noch und ist vielleicht mal einen etwas weiteren Ausflug über die Kreisgrenze wert.

Adresse Auf der Burg, 63549 Ronneburg, www.burg-ronneburg.de | ÖPNV ab Langenselbold Bahnhof Bus MKK 56 bis Ronneburg-Altwiedermus Post, ein Kilometer Fußweg zur Burg | Anfahrt A45 bis Langenselbold-West, dort Beschilderung Burg Ronneburg folgen | Tipp Am Hang neben der Burg bietet die Paraglider-Schule Kurse für Einsteiger an. Schnupperkurse immer samstags.

86_Zur Krone

Rundumgenuss

Die Krone einfach nur einen Landgasthof zu nennen, greift viel zu kurz. Denn sie ist Restaurant, Museum, Galerie, Geschäft und Erlebnis zugleich – ein hessisches Heimatpaket, wie Wirt Reiner Erdt es nennt.

Fangen wir bei der Kulinarik an. Die ist aus Überzeugung regional, reicht von deftig bis delikat und ist von der Dehoga als eines der 50 besten Dorfgasthäuser im Land ausgezeichnet worden. Allein durch diesen Titel bedarf es keiner weiteren Lobhudelei. Museale Züge trägt das Haus durch seine Geschichte und Geschichten. Es wurde 1761 um einen Brunnen gebaut, der noch heute mitten im Gastraum in die Tiefe ragt. Drum herum viele Stücke, die an die gute alte Zeit erinnern, Bierkrüge der ehemaligen Nicolay-Brauerei aus Hanau beispielsweise. Und dazu die Anekdoten: Sei es der Uropa, der sich als Sozialdemokrat weigerte, kaiserliche Soldaten zu bedienen, und für die darauf verhängte Strafe zwei Rinder verkaufen musste. Oder der Opa, der einfach kein Bild vom Führer im Gastraum aufhängen wollte. Oder aber die Erinnerungen der Dorfjugend, für die das Kino und später dann die Disco im großen Saal *der* Treffpunkt waren.

Kommen wir zur Galerie und Erdts künstlerischer Ader. Überall im Haus finden sich Zeichnungen, auf denen er mit Vorliebe alte und neue Motive derselben Ansicht gegenüberstellt. Und es macht ein bisschen neidisch, dass einer, der so kochen, auch noch so zeichnen kann. Ach ja, Kochbücher schreiben kann er übrigens auch – und phantastisch fotografieren, womit wir beim Geschäft wären. Da gibt es neben den bebilderten Kochanleitungen fertige Suppen, eingewecktes Ragout, Wurstgläser und mindestens ein Dutzend hausgemachte Marmeladen. Und so ist die Fahrt zur Krone eben nicht nur ein Restaurantbesuch, sondern ein erlebnisreicher Gesamtgenuss, für den man viel Zeit, viel Hunger und nach Möglichkeit einen großen Kofferraum mitbringen sollte.

Adresse Langstraße 7, 63549 Ronneburg, www.krone-ronneburg.de | **ÖPNV** ab Langenselbold Bahnhof Bus MKK 56 bis Hüttengesäß Tankstelle | **Anfahrt** A45 bis Langenselbold-West, Ausschilderung nach Ronneburg folgen | **Tipp** Lust auf einen Verdauungsspaziergang? Auf der Seite der Gemeinde ronneburg.eu finden sich drei nicht zu lange, aber schöne Rundwege durch das Ronneburger Hügelland.

87_Die CI-Factory

Vom Kopf bis Fuß

Engelbert Strauss ist im Main-Kinzig-Kreis nicht zu übersehen. Sei es die Firmenzentrale in Wirtheim, der riesige Workwearstore an der Autobahn 66 oder einfach die Präsenz des Laufvogel-Logos auf der Arbeitsbekleidung Hunderter Handwerksbetriebe. Und natürlich das riesige Gebäude am Schlüchterner Distelrasen, das 2019 im hintersten Zipfel des Main-Kinzig-Kreises fertiggestellt wurde.

Wobei Gebäude zu profan ausgedrückt ist, denn es handelt sich um eine CI-Factory, Corporate Identity also. Die Idee dahinter: Die Mitarbeitenden einer Firma tragen die Visitenkarte quasi auf dem Leib. Hosen, Shirts und Jacken werden exakt in den Farben des Betriebs gefertigt, gern mit Logo auf der Brust oder dem Reißverschluss-Zipper. Und die passenden Sicherheitsschuhe werden dann direkt vor Ort hergestellt. Neben der individualisierten Schuhproduktion befindet sich in dem gigantischen Gebäude auch ein Hochregallager, das bei maximaler Befüllung zehn Millionen Arbeitshosen fassen würde und das bei maximaler Versandtätigkeit 4.000 Pakete pro Stunde verlassen könnten. Zum Ausgleich für die Bodenversieglung wurden 15.000 bienenfreundliche Wildstauden gepflanzt, 25.000 Blumenzwiebeln gesät und das Hallendach mit Solarkollektoren zugepflastert.

Genau ein Stockwerk tiefer befindet sich ein gewichtiges Argument, bei Engelbert Strauss anzuheuern: die Kantine. In diesem Fall Osthessens höchstgelegenes Werksrestaurant, offenbar auch eins der leckersten. Denn die Mitarbeiterverpflegung an den verschiedenen Strauss-Standorten wurde 2020 zu Deutschlands bester Kantine gewählt. Gutes Essen für fleißig Arbeitende, das gab's schon kurz nach dem Krieg, als die Frau des Firmengründers Engelbert die Belegschaft noch selbst bekochte. Und es ist ein Detail, das trotz 1.500 Mitarbeitenden und Europamarktführerschaft die persönliche Note eines familiengeführten Unternehmens spürbar werden lässt.

Adresse Am Distelrasen 6, 36381 Schlüchtern | **ÖPNV** ab Schlüchtern Bahnhof Bus 98 bis Schlüchtern Am Distelrasen, fährt selten | **Anfahrt** direkt an der A66 Ausfahrt Schlüchtern-Nord | **Tipp** Nicht nur die Mitarbeiter, sondern auch die Kunden werden gut bewirtet: Die »e.s.Bar« beim Workwearstore in Wirtheim ist für einen Snack sehr zu empfehlen.

88 Der Drei-Burgen-Weg

Gegend und Gemäuer

Im nordöstlichsten Zipfel des Kreises, wo Rhön, Spessart und Vogelsberg aufeinandertreffen, liegt der Bergwinkel. Am besten lässt sich dieses idyllische Fleckchen Erde auf einer ausgedehnten Wanderung entdecken. Von Schlüchtern über Elm geht's hinauf zur Burg Brandenstein, die zwar in Privatbesitz ist, Neugierige aber in den vorderen Innenhof lässt. Wer sich vorher anmeldet, kann die Kunst des Bierbrauens oder Schnapsbrennens erlernen, schafft dann aber aus naheliegenden Gründen den 26 Kilometer langen Wanderweg nicht mehr. Also lassen wir uns nur kurz vom kecken Nymphensittich neben dem Eingangstor hinterherpfeifen und ziehen weiter.

Markiert mit einem gelben Tropfen geht es durch das Schwarzbachtal und Hinkelhof hinauf zum nächsten historischen Gemäuer, der Ruine Steckelberg. Dort wurde Ulrich von Hutten 1488 geboren, Reichsritter und Humanist, der sich etwa zur selben Zeit wie Martin Luther mit dem Papst anlegte. Mehr über sein Leben zeigt das Bergwinkelmuseum in Schlüchtern. Nach einem schönen Blick von der Burgmauer führt der Weg nun durch dichten Wald, zunächst auf einer breiten Forstpiste, später auf schmalen Pfaden zu der offenen Wiesen- und Weidelandschaft rund um Weichersbach. Von hier ist Burg Schwarzenfels zwar schon zu sehen, wird allerdings erst nach einer schweißtreibenden Talquerung erreicht. Burg Nummer drei besticht durch kostenfreien Access-all-areas und die beste Aussicht vom 25 Meter hohen Turm. Außerdem bieten einige Schänken in der Burg und im Dorf kühle Getränke an, die uns für das letzte Fünftel Wegstrecke erquicken.

Nach der steilen Direttissima hinunter nach Mottgers geht's auf der anderen Talseite ein letztes Mal bergauf nach Sterbfritz – und von dort zurück nach Schlüchtern. Und auf der Rückfahrt mit Bus oder Zug lässt sich die modelleisenbahnhafte Schönheit des Bergwinkels noch mal ganz bequem genießen.

Adresse Start: Bahnhof oder Stadtmitte Schlüchtern | **ÖPNV** für den Rückweg: ab Schwarzenfels Bus 96 und 91 zurück nach Schlüchtern, Linie 96 fährt selten | **Anfahrt** A66 Ausfahrt Schlüchtern-Süd, parken am Bahnhof oder in der Stadt | **Tipp** Eine Wegzehrung gibt's entweder im Landgasthof Wittenzellner oder wochentags in der Metzgerei Martin in der Schwarzenfelser Amtsgasse.

89 Die ehemalige Benediktinerabtei

Jede Menge Pfeifen

Kirchenmusik löst Emotionen aus. Sie kann feierlich sein, andächtig, gemessen, fröhlich, kaum einer kann sich der Faszination entziehen, wenn aus einem ehrwürdigen Gotteshaus Orgelklänge dringen. Und wenn's aus den Pfeifen so richtig professionell und geschliffen tönt, hat das mitunter mit Schlüchtern zu tun. Denn seit über 50 Jahren beherbergt das ehemalige Benediktinerkloster die »Kirchenmusikalische Fortbildungsstätte«, die einzige ihrer Art in ganz Deutschland. Rund 400 Musizierende nehmen pro Jahr das Kursangebot der Evangelischen Kirche von Kurhessen-Waldeck in Anspruch, auf sie warten neben einer gut sortierten Notenbibliothek zwei Flügel, sechs Klaviere, ein Cembalo und nicht weniger als elf Orgeln!

Das alles spielt sich in einem Umfeld ab, das angemessener nicht sein könnte. Die Krypta als Ursprung des Klosters gilt als eines der ältesten sakralen Baudenkmäler Deutschlands. Vermutlich wurde sie schon im 8. Jahrhundert erbaut, erstmals urkundlich erwähnt jedenfalls schon 993. Und Bauwerke aus der Zeit dreistelliger Jahreszahlen findet man nun wirklich nicht an jeder Ecke. Im Lauf der Jahrhunderte wurde das Kloster immer wieder erweitert, gehörte mal zu Hanau, mal zu Würzburg und zwischen 1571 und 1624 zu niemandem so recht, weil sich das Reichskammergericht mit der entsprechenden Entscheidung stolze 53 Jahre Zeit ließ. Zu dieser Zeit hatte das Kloster durch die Reformation aber ohnehin schon an Bedeutung verloren.

Wer sich für Baugeschichte interessiert, wird von dem Ensemble am Südrand der Altstadt begeistert sein, denn die Spuren von der karolingischen Zeit über die Gotik bis zur Neoromanik sind unübersehbar. Und wer's nicht auf Anhieb erkennt, kann zu diesem Thema auch eine Führung buchen. Mit ein bisschen Glück übt ja vielleicht nebenan gerade ein Organist und zaubert die passende musikalische Untermalung für diesen magischen Ort.

Adresse Im Kloster 2, 36381 Schlüchtern | **ÖPNV** ab Bahnhof Schlüchtern 20 Minuten Fußweg oder mit verschiedenen Buslinien bis Schlüchtern Untertor | **Anfahrt** A66 bis Schlüchtern-Süd, Richtung Stadtmitte, Parkmöglichkeiten am Kreisel hinter der Kinzigbrücke links | **Öffnungszeiten** Führungen auf www.schluechtern.de | **Tipp** Ein gemütlicher Ort zum Entspannen und Schwatzen ist das »Cafe Wohnzimmer« in der Krämerstraße 16.

90__Der Bahnhof

Bedeutung verloren

Kein Zug hält mehr in Elm, nicht einmal dem Nahverkehr ist der Bahnhof oberhalb des Ortes einen Stopp wert. Aber wer die riesigen Gleisanlagen sieht, ahnt schon, dass das früher mal anders gewesen sein muss. Und tatsächlich: Bis 1914 war das Dorf am Landrücken ein wichtiger Knotenpunkt mit einem Bahnhofsgebäude, das mit Fulda und Bebra seinerzeit in einer Liga spielte. Es gab Wartesäle, eine Gaststätte und mehr als 300 Beschäftigte.

Seinen kurzen Ruhm in der deutschen Eisenbahngeschichte hat Elm der Topografie zu verdanken. Der Landrücken war für eine direkte Verbindung von Frankfurt nach Fulda einfach zu steil. Deswegen entschieden sich die Konstrukteure, die Züge auf einer langen Kurve hinter Schlüchtern an Höhe gewinnen zu lassen, im Kopfbahnhof Elm die Lok zu tauschen, um dann über eine Spitzkehre die Fahrt Richtung Flieden fortzusetzen. Eingeweiht wurde der Bahnhof 1868, fünf Jahre später war dann auch die Strecke über Sterbfritz nach Gemünden fertiggestellt, und Elm wurde vom Rangier- zum Umsteigebahnhof.

Praktischer wäre von Anfang an ein Tunnel am Distelrasen gewesen. Aber ohne Dynamit war der Plan einer drei Kilometer langen Röhre durch den Höhenzug illusorisch. 1909 schließlich war der Fortschritt dann doch so weit gediehen, dass der Bau in Angriff genommen wurde. Mit der Eröffnung des Schlüchterner Tunnels verkürzte sich die Fahrzeit ab 1914 um 20 Minuten – und Elm verlor seine Bedeutung. Auch in der Bevölkerung selbst ließ das Interesse an dem unpraktisch hoch oberhalb des Dorfs gelegenen Bahnhof immer mehr nach, 1966 hielt der letzte Zug, Ende der 1970er Jahre wurden die letzten Gebäudereste abgerissen, die noch an Glanz und Gloria des ehemaligen Knotenpunkts erinnert hatten. Aber auch ohne Halt in Elm: Die modellbahnartige Strecke vom Bergwinkel an den Main ist für jeden Eisenbahnromantiker auch heute noch schwerstens zu empfehlen!

Adresse Eisenbahnstraße, 36381 Schlüchtern | ÖPNV Bus 92 oder 93 ab Schlüchtern Bahnhof bis Schlüchtern-Elm Sauerwein, dann zu Fuß bergauf | Anfahrt A66 bis Schlüchtern-Süd, Richtung Sinntal, in Schlüchtern nach Elm abbiegen, durch den Ort und am Ende links die Eisenbahnstraße bergauf | Tipp Im Bergwinkelmuseum Schlüchtern steht eine spannende Modellanlage zur Eisenbahngeschichte der Stadt.

91 Der Klosterhöfer Ziegenkäse

Ziege auf den ersten Blick

Timo aus dem Vogelsberg hatte mit acht Jahren seine erste Ziege, Frank vom Landrücken mit zehn oder elf. Heute leben die beiden auf dem gemeinsamen Hof ihren Kindheitstraum, sind rund um die Uhr von ihren Lieblingstieren umgeben und produzieren kreative Ziegenprodukte. Aus gut 50.000 Liter Milch werden pro Jahr mehr als fünf Tonnen Käse in einer beeindruckenden Sortenvielfalt: ob mit Bockshornklee, Bärlauch oder Brennnessel, als Kochkäse, Frischkäse, Hartkäse – langweilig wird's bei der Auswahl nie.

Kaufen kann man die Spezialitäten direkt ab Hof, in etlichen Geschäften der Region und vom Wagen on tour, einmal monatlich in Gersfeld und Bad Soden-Salmünster, sowie jeden Donnerstag beim Erzeugermarkt auf der Frankfurter Konstablerwache. Abgesehen davon beteiligen sich Timo und Frank auch beim »Zickensommer« im Main-Kinzig-Kreis. Ein gutes Dutzend Landgasthöfe nimmt dann Ziegenfleisch auf die Speisekarte, um diesen traditionellen Leckerbissen nicht in Vergessenheit geraten zu lassen. Natürlich fällt es den Bauern nicht leicht, einige ihrer schönen Tiere zur Schlachtung herzugeben, aber ein Böckchen, das keine Milch gibt, hilft bei der Käseproduktion eben auch nicht weiter.

Am bewusstesten lassen sich die Milchprodukte nach einem persönlichen Besuch genießen. Klar kann man sie auch in der Großstadt oder im Supermarkt kaufen. Aber da sind die Bunten Deutschen Edelziegen halt nicht dabei, die mit ihrer kecken Neugier und dem hübschen, braun glänzenden Glattfell jeden Besucher um den Finger wickeln. Wer ihnen einmal in die freundlichen Gesichter geschaut hat, versteht die Liebe von Timo und Frank zu ihren Tieren. Und muss sich wahrscheinlich schon sehr überwinden, beim nächsten Mal im Landgasthof eine »Zickadelle« oder die Nudelsoße »Ziegonese« aus ihrem Fleisch zu bestellen.

Adresse Gomfritz 3, 36381 Schlüchtern, www.klosterhoefer-ziegenkaese.jimdofree.com | **ÖPNV** ab Schlüchtern Bahnhof Bus 98 bis Klosterhöfe Gomfritz | **Anfahrt** A66 bis Schlüchtern-Nord, kurz Richtung Flieden, dann gleich rechts nach Gomfritz | **Tipp** Im Nachbarort Wallroth bietet der Landgasthof Druschel gutes Essen, gemütliches Ambiente und moderne Zimmer. Ja, und saisonal auch Ziegenfleischgerichte.

92_Die Wegzeichenformel

Eine Frage des Standpunkts

Jeder Wanderer kennt die Symbole, mit denen die Routen durch Wald und Wiesen hierzulande markiert sind. Rauten, Punkte, Balken und Kreuze weisen uns den Weg, sofern sie noch nicht durch trendigere Bezeichnungen wie Trail, Steig oder Pfad ersetzt wurden. Im Wald oberhalb der Spechtehütte bei Hohenzell hat der Künstler Faxe Müller mit seinem Werk »Wegzeichenformel« der traditionellen Beschilderung ein Denkmal gesetzt.

Dabei sind die Motive auf den ersten Blick gar nicht als solche zu erkennen. Wahllos scheint auf Bäume weiße und rote Farbe aufgebracht worden zu sein, ein System ist zunächst nicht erkennbar. Erst aus einer zentralen Perspektive setzen sich die Symbole auf den Stämmen zusammen und ergeben ein faszinierendes dreidimensionales Bild. Und ist es im wahren Leben nicht auch so, dass wir eine undurchsichtige Situation am besten geordnet bekommen, wenn wir sie von verschiedenen Blickwinkeln aus betrachten?

Auch an zwei anderen Stellen des Spessartbogens hat sich der Jossgrunder Künstler verewigt – bei Rodenbach mit der »Wabernden Welle« und zwischen Biebergemünd-Kassel und Bad Orb mit der »WALDverWORTUNG«. Auch hier gilt das Prinzip: Vermeintlich Zusammenhangloses ergibt von einem fixen Standpunkt aus plötzlich Sinn.

Ach ja, »verewigt« ist im Fall von Faxe Müllers Kunst vielleicht nicht ganz der richtige Begriff. Denn alle drei Werke sind so angelegt, dass sie mit der Zeit verblassen. Aber auch hinter dieser Entscheidung steckt ein tieferer Sinn. Der Mensch soll Zeuge des natürlichen Zerfallsprozesses, die Vergänglichkeit sichtbar werden. Müller schafft es, dass wir staunend stehen bleiben vor der Kunst im Wald, innehaltend über Perspektiven, über das Sein, Werden und Vergehen nachdenken – und so schnell wie möglich wiederkommen wollen, bevor Wind und Wetter die Werke mehr und mehr in der Unkenntlichkeit verschwinden lassen.

Adresse Nähe Wanderparkplatz Bernhardswald, dort dem Spessartbogen folgen | **ÖPNV** Bus 90 ab Schlüchtern Bahnhof bis Hohenzell Weinstraße, von dort über Spessartstraße und Spechtehütte zum Spessartbogen | **Anfahrt** A66 Ausfahrt Schlüchtern-Süd, am Ortseingang Schlüchtern rechts nach Hohenzell, dort zum Wanderparkplatz Bernhardswald | **Tipp** Die sehr aktive Dorfgemeinschaft hat auf der gut gepflegten Seite www.hohenzell.de weitere Sehenswürdigkeiten zusammengetragen.

93 Das Schloss

Protztausend!

Wer zum ersten Mal nichts ahnend nach Ramholz kommt, wird überwältigt sein: Im entlegensten Zipfel des Bergwinkels, hinter einer engen Eisenbahnunterführung, thront völlig unerwartet eins der prächtigsten Schlösser Hessens.

Der riesige Bau mit 80 Zimmern ist ein wilder Stilmix aus Gotik, Renaissance, Barock, Klassizismus und Anklängen von Jugendstil, die sich aber stimmig zu einem beeindruckenden Gesamtkunstwerk vereinen. Entstanden ist es aus einer Art Überbietungswettbewerb dreier Industriellensöhne aus dem Saarland. Die Familie Stumm, später mit Adelstitel ausgestattet, hatte es mit Eisenhütten zu so viel Geld gebracht, dass Spross Ferdinand Eduard zunächst in Rauischholzhausen bei Marburg ein unfassbar protziges Anwesen bauen ließ. Das konnte der Erstgeborene, Carl Ferdinand, natürlich nicht auf sich sitzen lassen und zog mit Schloss Halberg bei Saarbrücken nach. Und dann kam Hugo Rudolf und stellte mit dem Neubau neben dem alten Schloss derer von Hutten in Ramholz alles in den Schatten.

Bis ins neue Jahrtausend blieb der Palast im Besitz der Familie und ihrer Nachkommen. Allerdings sorgten die horrenden Betriebskosten dafür, dass Ramholz irgendwann als »märchenhaftes Renaissanceschloss« auf einem Immobilienportal landete. Für knapp sieben Millionen war es zu haben, nur kaufen wollte lange Zeit keiner. Bis schließlich 2014 – nach langem Hin und Her und noch mehr Gerüchten – ein chinesischer Investor zugriff. Der nutzt das Schloss heute privat, hält das Anwesen aber vorbildlich in Schuss. Und er gestattet den Zutritt zu den Parkanlagen rund um seinen Besitz. Ein bisschen traurig stimmt viele Stammbesucher, dass das beliebte Café in der Orangerie seit einigen Jahren geschlossen hat. Aber wer weiß, was die Zukunft bringt? 80 Hektar Landschaftspark rund ums Schloss sind auf jeden Fall genug, um sich einen zünftigen Kuchenhunger anzuspazieren.

Adresse Parkstraße 2, 36381 Schlüchtern-Ramholz | **ÖPNV** Bus 92 und 93 ab Schlüchtern Bahnhof bis Ramholz, sehr selten, nach Vollmerz geht es häufiger | **Anfahrt** A66 bis Schlüchtern-Süd, Richtung Bad Brückenau, hinter Herolz links über Vollmerz nach Ramholz | **Tipp** Ein wunderschöner Ort ist die Gruftkapelle Steckelsburg im Wald oberhalb des Schlosses.

94 Die Hohe Straße

Zwischen Main und Nidder

Wer heute auf der Hohen Straße wandert oder radelt, hat historischen Boden unter den Füßen. Beziehungsweise unter den Reifen. Schon in der jüngeren Steinzeit war der Weg auf dem Höhenrücken zwischen Main und Nidder eine viel befahrene Verbindungsroute, später gewann die Strecke als Handels- und Reiseweg zwischen den Zentren Frankfurt, Fulda, Erfurt und Leipzig sogar noch an Bedeutung. Erst als sich mehr und mehr Orte und Städte in den Tälern ansiedelten, ließ der Verkehr oben auf den Hügeln nach.

Abgesehen von ein paar Treckern und Mähdreschern sind heute fast ausschließlich Erholungssuchende auf der Hohen Straße unterwegs. Wer von Frankfurt kommend den Anstieg bei Bergen-Enkheim hinter sich gebracht hat, findet eine prächtige Radroute vor, fast durchgehend bequem asphaltiert, die im lockerem Auf und Ab nach gut 38 Kilometern in Büdingen endet. Herrliche Aussichten auf Spessart und Vogelsberg sind inklusive, genauso wie jede Menge Freizeitmöblierung, die die Macher vom Regionalpark Rheinmain am Wegesrand verteilt haben. Leseecken, Riesenschaukeln, Kunstwerke und Chill-out-Liegen sorgen für Abwechslung und lassen den Nachwuchs den einen oder anderen Anstieg schnell vergessen.

Wer zum Auspowern mehr als 38 Kilometer braucht, kommt von der Hohen Straße auch schnell auf andere schöne Strecken, den Grünen Ring Hanau, den Mainradweg oder den Radfernweg R3 beispielsweise. Letzterer führt von den Rheingauer Weinbergen bis in die Rhön, und zwar auf der Route, die im Mittelalter der Hohen Straße irgendwann den Schneid abgekauft hat. Schön flach geht es durchs Kinzigtal, erst hinter Schlüchtern wird es beim Aufstieg zum Landrücken das erste Mal steiler. Aber da die Topografie durch den E-Bike-Trend immer zweitrangiger wird, dürfte der Radverkehr auf allen Wegen weiter anwachsen – genügend Abwechslung hat der Main-Kinzig-Kreis auf jeden Fall zu bieten!

Adresse Einstieg Schöneck beim Parkplatz Hohe Straße zwischen Kilianstädten und Mittelbuchen | ÖPNV ab Bahnhof Kilianstädten gut 20 Fußminuten hinauf zum Lausbaum | Anfahrt A66 bis Hanau-Nord, B45 Ausfahrt Bruchköbel, über Mittelbuchen nach Kilianstädten | Tipp Verpflegung und Getränke mitnehmen – an der Hohen Straße zwischen Bergen-Enkheim und Marköbel gibt es keine Gastronomie!

95 Die Philippi-Mühle

Mehle mit Seele

Vom Vorbeifahren kennt die riesigen Getreidespeicher am Ortsrand von Büdesheim jeder. Aber wer weiß schon, was Patrick Philippi als Müller in der siebten Generation da so genau macht? Mehl, klar, und zwar ein ganz besonderes. Denn der gemahlene Weizen verlässt seine Mühle ein ganz klein wenig gröber als bei der Konkurrenz. Das verbessert die Wasseraufnahme und macht Philippi-Mehl nicht nur bei Bäckereien, sondern auch bei Pizzerien und selbstbackenden Dönerläden sehr beliebt.

Die Rohstoffe kommen aus einem Umkreis von 30 Kilometern, ein wenig größer nur ist der Radius, in den von Büdesheim aus das Weizen- und Roggenmehl geliefert wird. Vorbildlich regional also. Den Vertrieb übernimmt das Familienunternehmen mit seinen drei Mitarbeitern selbst, seit die Lohnvermahlung 1962 eingestellt wurde. 60 Tonnen Getreide können bei Volllast in 24 Stunden zu Mehl werden, rund 10.000 Tonnen schafft die Mühle im Jahr. Wer Lust hat, kann das weiße Pulver in 2,5- und Fünf-Kilo-Säcken direkt vor Ort kaufen. Das bringt dem jungen Müller zwar keine großen Umsätze, hält aber den persönlichen Kontakt zu den Kunden aufrecht. Und mal kurz einen Blick in die weiß gepuderten Produktionsräume zu werfen, ist ja auch nicht uninteressant.

Patrick Philippi setzt eine Tradition fort, die an dieser Stelle schon seit 1331 besteht. Damals wurden zum ersten Mal eine Mühle am Nidderufer und das vergebene Wasserrecht erwähnt. Dieses Recht braucht die Familie bis heute, auch wenn die alte Turbine nur noch einen Bruchteil des benötigten Stroms beisteuert. Der wird übrigens nicht nur für die Getreidezerkleinerung an sich, sondern auch für allerlei Computer benötigt. Denn die Steuerung des Mahlvorgangs läuft mittlerweile weitgehend digital.

Und deswegen heißt ein Müller heute auch nicht mehr Müller, sondern »Verfahrenstechnologe in der Mühlen- und Futtermittelwirtschaft«.

Adresse Mühlstraße 46, 61137 Schöneck, www.philippi-muehle.de | **ÖPNV** fünf Minuten zu Fuß vom Bahnhof Schöneck | **Anfahrt** von Frankfurt B521 Richtung Büdingen, in Büdesheim über die Brückgasse rechts in die Mühlstraße | **Tipp** Die Fahrt mit dem »Stockheimer Lieschen«, offiziell Niddertalbahn, ist ein beschauliches Vergnügen, für das man nicht in Eile sein sollte.

96 Das Massaker

Drama im Neolithikum

Wer sich gern gruselt, sollte bei seiner nächsten Rad- oder Wandertour auf der Hohen Straße einen kleinen Abstecher hinunter Richtung Kilianstädten machen. Dort, wo heute die Ortsumgehung die Felder durchschneidet, muss vor rund 7.000 Jahren ein brutales Gemetzel stattgefunden haben. Darauf deuten 26 übel zugerichtete Skelette hin, die beim Bau der Straße entdeckt wurden.

Wer für das Massaker in der Jungsteinzeit verantwortlich war, bleibt unklar. Auffällig ist, dass überwiegend ältere Menschen und Kinder getötet wurden, Jugendliche und jüngere weibliche Personen fehlen in dem Massengrab. Forscher halten es für möglich, dass die Frauen entführt und die kräftigen, jungen Burschen als Arbeitskräfte gefangen genommen wurden. Die Toten weisen Schädelverletzungen und Knochenbrüche an Armen und Beinen auf. Besonders die Schienbeinfrakturen müssen den Opfern mit heftiger Gewalt zugefügt worden sein, möglicherweise erst nach dem Tod. Dass die Gruppe durch einen tragischen Zufall starb und ihr eine pietätvolle Beerdigung zuteilwurde, gilt als ausgeschlossen. Denn bei den Toten fanden sich weder Grabbeigaben, noch waren die Leichen nach den damals typischen Ritualen angeordnet.

Mögliche Ursache für die Morde könnte der Streit um Land gewesen sein. Die Menschen wurden zu dieser Zeit langsam sesshaft, und die fruchtbare Wetterau dürfte für damalige Verhältnisse schon recht dicht besiedelt gewesen sein. Zwei weitere Massengräber aus der Jungsteinzeit, die in Niederösterreich und im Schwäbischen gefunden wurden, deuten darauf hin, dass es auch in anderen Regionen Mitteleuropas ähnliche Auseinandersetzungen gegeben haben muss. Schauderhaft!

Deswegen jetzt schnell wieder zurück auf die Hohe Straße, frohen Muts in die Pedale treten und darüber freuen, dass Territorialkonflikte unter zivilisierten Menschen heute in der Regel ohne Loch im Kopf gelöst werden!

Adresse oberhalb der Straße »Neuer Weg« an der Umgehungsstraße, 61137 Schöneck | **ÖPNV** Bus MKK31 ab Hanau Freiheitsplatz bis Schöneck-Kilianstädten Neuer Weg | **Anfahrt** A66 Ausfahrt Hanau-Nord, B45 bis Mittelbuchen, im Ort rechts nach Kilianstädten, Parkplatz Hohe Straße | **Tipp** Sehenswert sind das Alte und Neue Schloss in Büdesheim.

97__Das alte Forstamt

The place to bee

Als das Land Hessen die Struktur seiner Forstämter reformierte, bekamen die Sandmanns spitze Ohren. Viele schöne Häuser kamen damals unter den Hammer – und so ein Anwesen auf dem Land wäre genau das Richtige, befanden die Gartenplanerin und der Agraringenieur mit ihren fünf Kindern. 2007 schlugen sie zu, ersteigerten das romantische Amtshaus in Altengronau und zogen von der Wetterau ins Sinntal.

Aus dem verwilderten Garten haben Veronika und Andreas ein grünes Paradies gezaubert. Alles blüht in den prächtigsten Farben, vor lauter Idylle weiß man gar nicht, welches Eckchen zwischen historischen Obstbäumen, Rosen und blumenumrankten Sitzgelegenheiten der Lieblingsplatz soll. Und den können sich Gäste tatsächlich aussuchen, denn seit ein Teil der Kinder ausgezogen ist, haben die Sandmanns den Hühnerstall zum Ferienhaus und das hangseitige Erdgeschoss zur Ferienwohnung ausgebaut. Ein weiteres Appartement ist in Planung. Der moderne Landhausstil der hellen Räumlichkeiten passt sich perfekt in die Umgebung ein. Kein Wunder, nebenbei ist Veronika nämlich auch noch gelernte Innenarchitektin.

Die Gastgeberrolle ist den Sandmanns nicht ganz neu, denn ein Teil ihres großen Hauses halten sie für Forstanwärter in Ausbildung frei. Und auch die Wildkammer erinnert noch an die Ursprünge des Gebäudes, dort können sich die Gäste mit frischem Fleisch eindecken oder bei einer Zerlegeschulung lernen, wie Hirsch und Reh fachmännisch zerkleinert werden. Wer das zu blutig findet, geht mit Hobby-Imker Andreas Bienen beobachten oder macht sich auf die Suche nach Bibern, die von diesem Haus aus in den 1980er Jahren in Westdeutschland erstmals wieder eingebürgert wurden. Familie Sandmann sagt, es sei »ein Privileg, so zu leben«. Das stimmt wohl. Gerade deswegen ist es umso schöner, dass man als Feriengast am privilegierten Leben dieser netten Menschen teilhaben darf.

Adresse Forststraße 2, 36391 Sinntal-Altengronau | ÖPNV ab Bad Soden-Salmünster Bahnhof Bus 94 bis Sinntal-Altengronau Abzweig Neuengronau | Anfahrt Infos dazu und zu den verfügbaren Wohnungen unter www.altesforstamt-sinntal.de | Tipp An heißen Sommertagen bietet das schöne Naturschwimmbad Altengronau mit biologischer Wasseraufbereitung eine herrliche Erfrischung.

98 Die Rückenwiesen

Ertragserhöher

Von Lettgenbrunn bis zur Mündung in die Sinn durchfließt die Jossa ein zauberhaftes Tal. In unzähligen Schleifen mäandert das schnell wachsende Flüsslein ohne jegliche Begradigung oder Kanalisierung durch sattgrüne Wiesen, die heute weitgehend der Natur gehören. Bis ins letzte Jahrhundert allerdings haben die Bauern der Region mit Hilfe des Jossawassers und eines technischen Kniffs ihre Ernteerträge kräftig gesteigert.

Das System heißt Rückenwiesen, auch Rieselwiesen genannt, und funktioniert so: An einem Wehr wird Wasser in einen Zulaufkanal geleitet. Dieser Bewässerungsgraben speist wiederum kleine Kanäle, die auf dem First eines etwa 50 Zentimeter hoch aufgeschütteten Rückens liegen. Die leicht angehobenen Parzellen sind etwa drei bis fünf Meter breit und fallen zu den beidseitigen Abflussrinnen leicht ab. Das Wasser rieselt nun also in den Fluss zurück über die Wiesenwülste, hält sie feucht und steigert den Anteil an wertvollen Süßgräsern. So konnten die Landwirte im rauen Spessart bis zu fünf Ernten einfahren, die in harten Wintern eine wichtige Futtergrundlage für ihr Vieh waren. Diese Technik in den Tälern von Sinn, Aura, Jossa und Fella wurde streng überwacht. Und die Redewendung »jemandem das Wasser abgraben« soll auf diese Methode zurückgehen.

Nördlich von Obersinn, kurz hinter der Grenze zu Franken, sind die Rückenwiesen auf einer kleinen Fläche reaktiviert worden. An der Jossa ist das wellige Relief nur noch bei genauem Hinsehen zu erkennen. Aber mit fokussiertem Blick kurz innezuhalten, lohnt sich in diesem traumschönen Tal ohnehin. Denn mit ein bisschen Glück ist ein Reiher auf den Wiesen unterwegs, pocht ein Specht oder grüßt ein Rotmilan vom Himmel herab. Sogar der Schwarzstorch soll hier schon gesichtet worden sein. Schön, wenn selbst nach Jahrhunderten extensiver Nutzung durch Menschenhand so ein Paradies zurückbleibt.

Adresse im Tal zwischen Marjoß und Jossa | **ÖPNV** ab Jossa Bahnhof zu Fuß | **Anfahrt** A66 bis Bad Soden-Salmünster, über Mernes nach Jossa, im Ort parken und den Wanderwegen ins Tal folgen | **Tipp** Im Landgasthof »Zum Jossgrund« wurde 2009 mit 96,7 Metern das längste Schnitzel der Welt gebraten. 96,4 Meter weniger tun's auch – und schmecken wirklich hervorragend!

99__Der ICE-Bahnhof

Rekordort

Alles musste stimmen am 1. Mai 1988. Nichts durfte schiefgehen. Denn Deutschland hatte Großes vor. Wochenlang war an der richtigen Strecke getüftelt worden, das Gleisbett wurde verdichtet, Schienen nachgeschliffen und an der Oberleitung vorsichtshalber noch mal der Fahrdraht ausgetauscht. Und das alles bei höchster Geheimhaltung, selbst die zuständigen Minister wurden erst zwei Tage vorher eingeladen.

Und dann ging es los, Punkt 11 Uhr am Bahnhof Würzburg. Das Ziel: Mit einem deutschen ICE auf der frisch gebauten Trasse einen neuen Geschwindigkeitsweltrekord aufstellen! Schon zehn Minuten nach der Abfahrt hatte der Zug auf 345 Sachen beschleunigt, kurz darauf waren es 370, 380, unterstützt durch ein Gefälle 400, auf der Maintalbrücke bei Gemünden sogar schon 405 Kilometer pro Stunde. Dann aber: eine leichte Steigung, der ICE wurde langsamer, bevor er auf einem neuerlichen Stück bergab um 11.12 Uhr im Sinntal sagenhafte 406,9 Stundenkilometer erreichte. Jubel an Bord, die Sektgläser klirrten, während Lokführer Romano Henning in die Eisen ging. Das Bremsmanöver dauerte viele Kilometer, das Ende der Rekordfahrt schließlich: der Betriebsbahnhof Mottgers, mitten auf der Landesgrenze von Hessen und Bayern.

Heute hält hier kein Zug mehr. Der viergleisige Ausbau ist nur für Überholmanöver und Notfälle gedacht. Heute fährt in Mottgers acht Mal am Tag ein Bus nach Sterbfritz, aber auch nur Montag bis Freitag. Die ICEs rasen durch den Schwarzenfelstunnel am Ort vorbei, kommen beim Campingplatz Hopfenmühle kurz ans Licht und verschwinden dann im Landrückentunnel. Und der Geschwindigkeitsrekord hielt auch nur anderthalb Jahre, getoppt durch einen französischen TGV. Aber dass auf dem Zuglaufschild des vorübergehend schnellsten Schienenfahrzeugs der Welt im Bahnmuseum Nürnberg der Endbahnhof Mottgers steht, diese Ehre wird dem kleinen Ort niemand mehr nehmen können.

Adresse Betriebsbahnhof Mottgers an der nördlichen Hangseite der Brücke zwischen Altengronau und Zeitlofs. Verbotsschilder beachten! | Tipp Ein anderes Stück Verkehrsgeschichte ist die »Strecke 46« in Zeitlofs-Rupboden, eine nie vollendete Autobahn aus der Hitler-Zeit. Zu finden am Ortsausgang an der Hauptstraße.

100_ Die Kinzigquelle

Wo alles beginnt

Insgesamt hätte die Kinzig doch ein wenig mehr Aufmerksamkeit verdient. Immerhin trennt sie Spessart von Vogelsberg, ebnete im Mittelalter der Via Regia den Weg von Frankfurt nach Osten – und ein Rekordhalter ist sie auch noch! Denn es gibt wohl keinen anderen deutschen Fluss vergleichbarer Länge, der nur durch einen einzigen Landkreis fließt.

Zumindest gönnt man ihr eine ansehnliche Quelle, die in Sterbfritz, gemessen an der intensiven Ausschilderung, offenbar zu den Top-Sehenswürdigkeiten zählt. Eine kleine Allee führt zum sandsteinummauerten Auslass und schickt die Kinzig talabwärts. Ab Schlüchtern dreht sie auf Kurs Südwest und hat das Tal so sehr geweitet, dass Ansiedlungen, ein malerischer Radweg, die Autobahn und eine der meistbefahrenen Bahnstrecken recht friedlich nebeneinander koexistieren. Unterhalb der Kinzigtalsperre gönnt die Zivilisation dem Fluss sogar weite Überschwemmungsgebiete, die in den letzten Jahren zu einem wahren Storchenparadies geworden sind. Auch für die Bewohner im Gewässer hat sich einiges verbessert, seit an vielen Wehren und Mühlen Fischtreppen den Weg flussaufwärts wieder möglich machen.

Im untersten Abschnitt zwischen Hanau und Gelnhausen waren im Mittelalter sogar Frachter unterwegs. Das belegen Unterlagen über eine Schifferzunft in der Barbarossastadt, auch das mächtige »Schifftor« zwischen Fluss und Oberstadt ist ein klares Indiz. Allerdings dürfte der Transport über die Kinzig von jeher den Launen der Wasserstände unterworfen gewesen sein, denn sehr viel Tiefe kommt auf 86 Kilometern halt nicht zustande. Trotz der überschaubaren Länge würde man dem Fluss bei Hanau ein schöneres Ende wünschen. Fast schon verschämt mündet die Kinzig unter einer Brücke und den Rümpfen dort dümpelnder Mietmotorboote in den Main. So sollte man mit der Namensgeberin von Hessens bevölkerungsreichstem Landkreis nicht umgehen!

Adresse Kinzigstraße, 36391 Sinntal-Sterbfritz | ÖPNV ab Schlüchtern Bahnhof Bus MKK91 bis Sterbfritz Weiperzer Straße, von dort kurzer Fußweg | Anfahrt A66 bis Schlüchtern-Süd, Beschilderung Sinntal folgen, in Sterbfritz über die Brückenauer Straße in die Kinzigstraße | Tipp Nicht über den Ortsnamen lachen! Er geht auf den Gründer Starcfried zurück und hat nichts mit einem toten Fritz zu tun.

101__Der Erlebnispark

Viel Vergnügen!

Das legendäre Fliegenpilzkarussell hat es sogar auf ein Schild an der Autobahn 66 gebracht, auf eine »Touristische Unterrichtungstafel«, Zeichen 386.3 der deutschen Straßenverkehrsordnung. Und wer diesem »Fahr-doch-mal-raus«-Ratschlag in Steinau nachkommt, wird es nicht bereuen.

Theo Zwermann hat aus dem Gelände hoch über der Stadt ein Paradies für Familien gezaubert. Von der Sommerrodelbahn über das Kettenkarussell bis hin zum Streichelzoo ist alles dabei, was Kinder glücklich macht und Eltern einen entspannten Tag beschert. Nicht das Richtige ist der Park für Jugendliche, die Achterbahnen mit Sechsfachlooping suchen und Ausflüge mit Mama und Papa grundsätzlich uncool finden. Aber für die gibt es andere Möglichkeiten, sagt Zwermann, der ganz absichtlich kein funkelndes Disneyland am Waldesrand schaffen wollte. Vielmehr setzt er auf die kindgerechte Gestaltung seiner Fahrgeschäfte mit Pferdchen, Fröschen und der niedlichen Albatrosbahn, die per Pedale mit eigener Muskelkraft betrieben werden muss.

Stichwort Tiere: Die bereiteten dem Parkbetreiber bei der Übernahme 1993 mehr Sorge als Freude. Der Vorbesitzer hatte sich nämlich auf Exoten spezialisiert – und so war Zwermann plötzlich Inhaber mehrerer Löwen, Pumas und Bären, deren Präsentation in Käfigen auch Anfang der 1990er Jahre nicht mehr recht in Mode war. Nach und nach konnten die Raubtiere in fachgerechte Haltung übergeben und durch Esel, Ziegen und jede Menge Federvieh ersetzt werden. Neben heimischen Tierarten und herzigen Fahrgeschäften liegt ein besonderer Schwerpunkt auf rund 50 Grillhütten, die quer über die gepflegte Anlage verteilt wurden. Die Gäste sind eingeladen, Getränke, Würstchen und Steaks selbst mitzubringen und an Ort und Stelle zu brutzeln. Dadurch bleibt der Parkbesuch preislich gut kalkulierbar – und bei den Eltern hoffentlich in genauso guter Erinnerung wie bei den Kindern.

Adresse Thalhof 1, 36396 Steinau an der Straße, www.erlebnispark-steinau.de | **ÖPNV** ab Bahnhof Steinau Bus 99 bis Erlebnispark Steinau (saisonal) | **Anfahrt** A66 bis Ausfahrt Steinau, in der Stadt Beschilderung zum Erlebnispark folgen | **Tipp** Hinter dem Park wartet der Europa-Kletterwald auf mutige Kraxler und Baumbesteiger.

102 Das Literaturcafé Alte Apotheke

Mit Worten und Torten

Gehört zu jedem guten Märchen nicht auch die Geschichte, in der ein lang gehegter Traum in Erfüllung geht? So gesehen hat Kirsten Ranft mit der Brüder-Grimm-Stadt den idealen Standort für ihren größten Wunsch gefunden: gemeinsam mit ihrem Mann Menschen zu verwöhnen, einen Begegnungsort zu schaffen, »Botschafterin für gutes, geselliges Leben« zu sein. So drückt es die gelernte Hotelfachfrau aus, die dann bei einer Bank in Frankfurt arbeitete, aber eigentlich immer nur herzliche Gastgeberin sein wollte.

Die namensgebende Apotheke existierte in dem Fachwerkhaus tatsächlich bis 2010. Dann stand das Gebäude von 1680 zum Verkauf, Ranft hatte es entdeckt und sofort ein Bild im Kopf, wie sie die kleinen Räume einrichten würde. Mit Antiquitäten aus dem Biedermeier, ein bisschen Gründerzeit, ein Schuss Jugendstil. Neben dem Kaffee aus einer Steinauer Rösterei und selbst gemachtem Kuchen spielen Bücher die größte Rolle. Wer will, greift sich einen Band aus der Bibliothek und fängt direkt vor Ort an zu schmökern. Oder stellt für die Nachwelt ein Buch ins Regal. Außerdem bietet das Literaturcafé Lesungen und Musikveranstaltungen an, die im Raum »Jacob« stattfinden. Nebenan liegt im ersten Obergeschoss der Saal »Wilhelm« (Grimm-Stadt, merkste?), der sich für kleine Feiern oder Ausstellungen eignet. Zusammen mit der liebevoll gestalteten Terrasse im Hinterhof ist aus der ehemaligen Apotheke ein kulturell-kulinarisches Gesamtkunstwerk geworden.

Kleiner Insider: Dass jedes Heißgetränk in Begleitung einer Madeleine serviert wird, geht auf Ranfts Faible für Marcel Proust zurück. Der beschreibt in seiner »Suche nach der verlorenen Zeit« die Erinnerung an seine Kindheit, die er mit Lindenblütentee und ebendiesem französischen Feingebäck assoziiert. Ist das nicht herrlich? Merci, Kirsten, que tu partages ton rêve avec nous!

Adresse Brüder-Grimm-Straße 27, 36396 Steinau an der Straße, www.literaturcafe-steinau.de | ÖPNV ab Steinau Bahnhof Bus 90 bis Steinau Kinzigbrücke | Anfahrt A66 Ausfahrt Steinau, Richtung Stadtmitte über die Leipziger Straße bis zum Brückentor, dort rechts in die Altstadt | Tipp Bei einem Bummel durch die herrliche Altstadt einen Schlenker zwischen Stadtmauer und Kinzig machen. Dort ist es besonders schön.

103 Das Schotterwerk

Kennt man vom Sehen

Für viele Autofahrer ist der mysteriöse Turm an der Ausfahrt Schlüchtern-Süd der Autobahn 66 das markanteste Bauwerk im ganzen Main-Kinzig-Kreis. Teil einer Burg? Aufwendiges Tunnelportal? Rapunzels Wohnsitz gar? Nein: eine Verladestation.

Der steinerne Koloss ist einer der letzten Zeugen des sogenannten Ohl-Steinbruchs im Wald über dem Kinzigtal. Seit 1875 wurde Basalt abgebaut, in Spitzenzeiten von rund 100 Arbeitern. Mit Loren gelangte das Gestein hinunter an den Rand des Betriebsgeländes, wo die Basaltbrocken mit einem Förderband auf den Turm transportiert wurden. Dort oben befand sich ein Steinbrecher, der aus den dicken Klumpen Schotter oder Kies in verschiedenen Körnungsgrößen mahlen konnte. Eine praktische Idee, denn aus der Höhe rutschte das Endprodukt ohne großen Energieaufwand in Silos, aus denen die Steine direkt in die wartenden Waggons gefüllt wurden. In den erfolgreichsten Zeiten des Werkes verließen pro Tag zwei lange Güterzüge das Gelände. Besonders gut eignete sich der Steinauer Schotter für den Bau neuer Eisenbahnstrecken. 1928 sollten durch eine große Sprengung neue Vorkommen im Steinbruch erschlossen werden. Viel brauchbares Material fand sich dabei allerdings nicht. Außerdem ging die Bautätigkeit von Infrastrukturprojekten durch die Weltwirtschaftskrise zurück, und es wurde immer schwerer, die Steine aus dem Ohl an den Mann zu bringen. 1930 entschloss sich die Firmenleitung, das Werk zu schließen.

Der mächtige Verladeturm steht heute unter Denkmalschutz und hat deswegen den Bau der Autobahn überstanden, die seit Anfang der 1990er Jahre nur wenige Meter an diesem Stück Industriegeschichte vorbeiführt. Der Zustand ist allerdings bedenklich, weswegen von einer Annäherung nur abgeraten werden kann. Aber den besten Blick auf die rätselhafte Ruine gibt es eh von der Autobahn, Erklärung für Mitreisende nach diesem Kapitel inklusive.

Adresse Ohlstraße, 36396 Steinau an der Straße. Aus der Nähe allerdings kaum zu sehen oder zu erreichen, bester Blick im Vorbeifahren auf der A66, Höhe Ausfahrt Schlüchtern-Süd | Tipp Herrliche Wildprodukte und andere regionale Spezialitäten gibt's in der Stadtmitte in der »Wilden Speisekammer« im Burgmannenhaus, Brüder-Grimm-Straße 49.

104 Die Teufelshöhle

Nicht ganz geheuer

Eine Gesteinsformation sieht aus wie eine Wildschweinschnauze, die nächste wie ein Backenzahn – und dahinten? Ist das nicht ein Elefantenrüssel? Immer wieder huscht der Lichtkegel der Taschenlampe über die Wände und fokussiert die Kunstwerke, die die Natur im Lauf der Jahrtausende geschaffen hat. Eine Führung durch die Teufelshöhle lebt von den phantasiereichen Beschreibungen der steinernen Figuren, hier und da einer Überraschung und ein wenig Grusel. Zugegeben, durch die Geschichten kompensieren die Guides ein wenig, dass die Tropfsteinhöhle nicht die größte und spektakulärste ist, aber für einige Aha-Erlebnisse und Oho-Effekte reicht's auf jeden Fall.

Zum Beispiel, wenn man im »Großen Dom« steht und ganz oben in der Höhlendecke das Teufelsloch erspäht. Dabei handelt es sich um eine kleine Öffnung zur Außenwelt, durch die 1584 eine Kuh des Hirten Jox Mellmann in die Höhle gefallen sein soll. Die Nachricht verbreitete sich damals genauso schnell wie die Mär, in diesem Erdloch wohne der Teufel. Um ihn zu vertreiben, rückten monatelang die Abergläubischen an und warfen allerlei Gestein und totes Getier in das Loch, aber es wollte sich einfach nicht füllen. Kein Wunder, denn heute wissen wir, dass der größte Raum der Höhle einen Durchmesser von elf und eine Tiefe von 25 Metern hat. Nachdem die Wurfattacken auf die mutmaßliche Teufelswohnung nicht den erhofften Erfolg brachten, wurde die mysteriöse Erdspalte jahrhundertelang gemieden.

Kurz bevor dann 1927 der erste Teil erschlossen und für Besucher geöffnet wurde, sah es übrigens mal kurz so aus, als könne die Teufelshöhle weltberühmt werden. Denn ein paar Jahre zuvor hatte es dort einen Sensationsfund gegeben: den top erhaltenen Schädel eines Neandertalers, vielleicht sogar eines Pygmäen! Die Pointe dieser Geschichte allerdings gehört zum Höhlenführer-Latein und wird an dieser Stelle nicht verraten.

Tim Frühling hat 1994 direkt nach dem Abitur als Moderator beim Lokalradio angefangen. Mittlerweile arbeitet er seit fast 20 Jahren beim Hessischen Rundfunk für verschiedene Radiowellen und als Wetterpräsentator im hr-Fernsehen und der ARD.

Christine Frühling ist die Mutter des Autors. Nach ihrer Ausbildung zur Fotografin folgten eine Kinderpause und der Umzug nach Stuttgart. Sie arbeitet im Reisebüro, und verbindet ihren Beruf mit ihrer Passion, der Fotografie.

Gertrud Steiger, Joachim Steiger
111 Orte im Odenwald, Spessart und an der Bergstraße, die man gesehen haben muss
ISBN 978-3-7408-1512-7

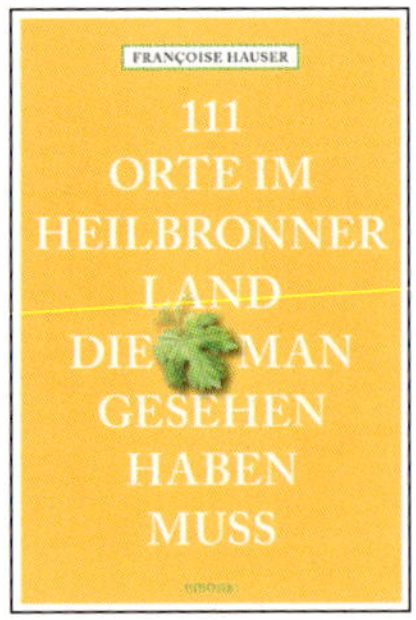

Françoise Hauser
111 Orte im Heilbronner Land, die man gesehen haben muss
ISBN 978-3-95451-842-5

Jo Seuss
111 Orte in Fürth & Erlangen, die man gesehen haben muss
ISBN 978-3-7408-0724-5

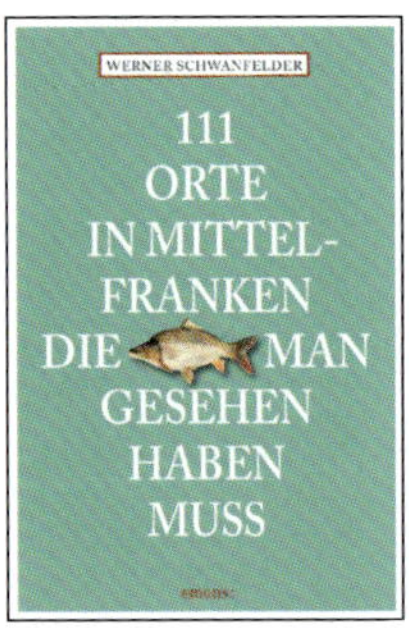

Werner Schwanfelder
111 Orte in Mittelfranken, die man gesehen haben muss
ISBN 978-3-7408-1171-6

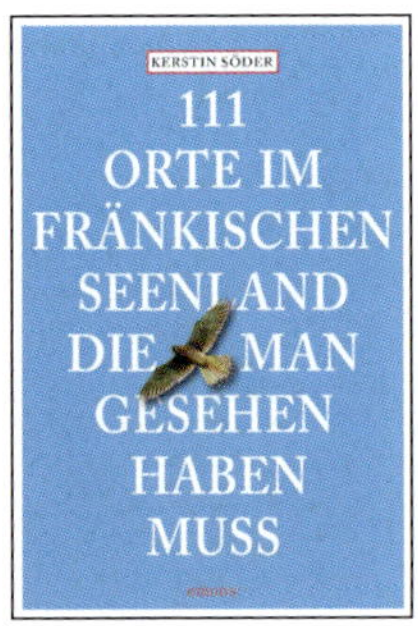

Kerstin Söder
111 Orte im Fränkischen Seenland, die man gesehen haben muss
ISBN 978-3-7408-1072-6

Oliver Ultsch
111 Orte in und um Coburg, die man gesehen haben muss
ISBN 978-3-95451-923-1

Sabine Becht, Sven Talaron
111 Orte in und um Bamberg, die man gesehen haben muss
ISBN 978-3-7408-1186-0

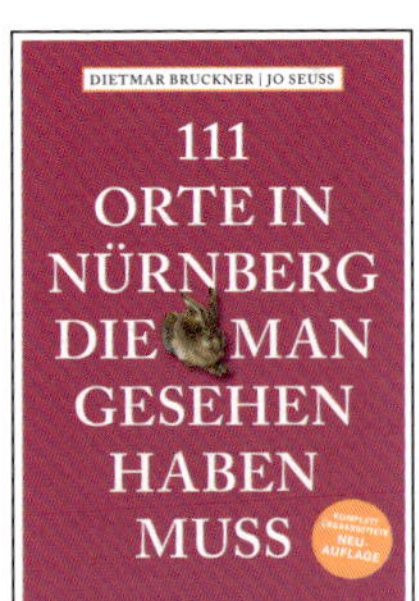

Dietmar Bruckner, Jo Seuß
111 Orte in Nürnberg, die man gesehen haben muss
ISBN 978-3-7408-1019-1

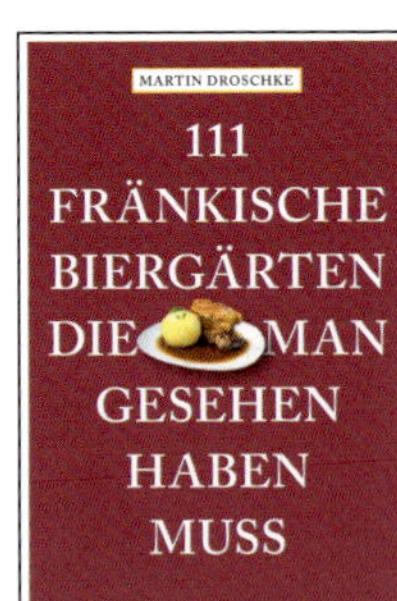

Martin Droschke
111 fränkische Biergärten, die man gesehen haben muss
ISBN 978-3-7408-0851-8

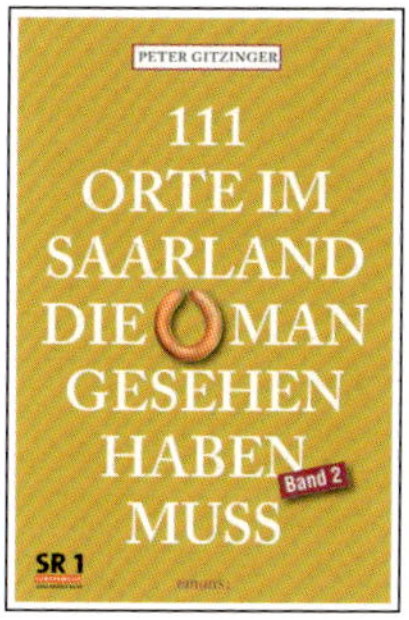

Peter Gitzinger
111 Orte im Saarland, die man gesehen haben muss, Band 2
ISBN 978-3-89705-886-6

Stefanie Jung
111 Orte in Rheinhessen, die man gesehen haben muss
ISBN 978-3-7408-1307-9

HP Mayer
111 Orte im Rheingau, die man gesehen haben muss
ISBN 978-3-7408-0999-7

HP Mayer
111 Orte in Heidelberg, die man gesehen haben muss
ISBN 978-3-7408-0246-2

Thomas Baumann
111 Orte in der Kurpfalz, die man gesehen haben muss
ISBN 978-3-89705-891-0

Anna Köhler
111 Orte in Offenbach, die man gesehen haben muss
ISBN 978-3-7408-0982-9

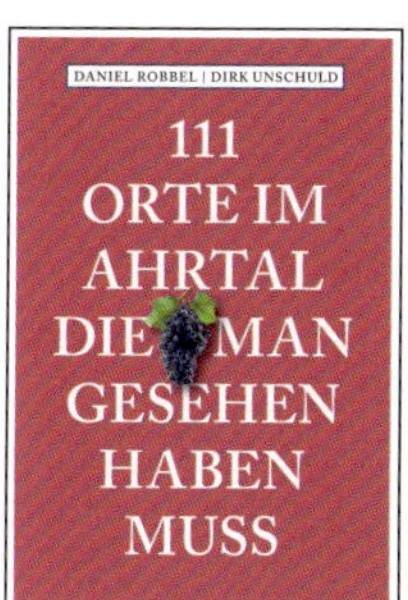

Daniel Robbel, Dirk Unschuld
111 Orte im Ahrtal, die man gesehen haben muss
ISBN 978-3-7408-1370-3

Jörn Heller
111 Orte in Siegen-Wittgenstein, die man gesehen haben muss
ISBN 978-3-7408-0976-8

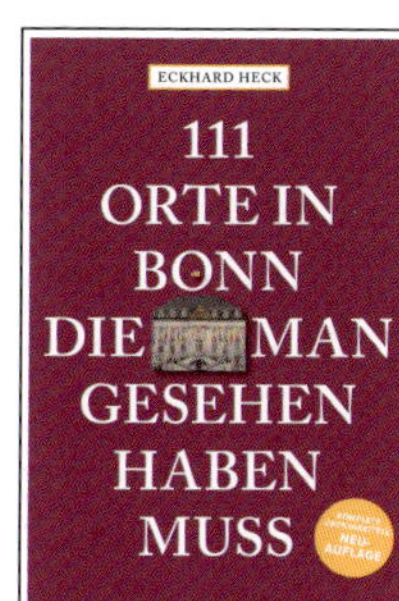

Eckhard Heck
111 Orte in Bonn, die man gesehen haben muss
ISBN 978-3-7408-1418-2

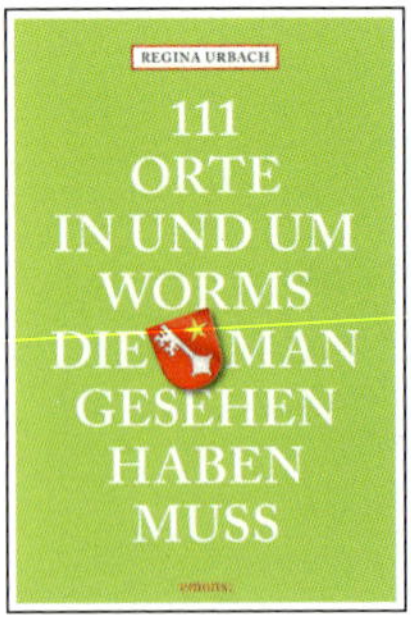

Regina Urbach
111 Orte in und um Worms, die man gesehen haben muss
ISBN 978-3-7408-1172-3

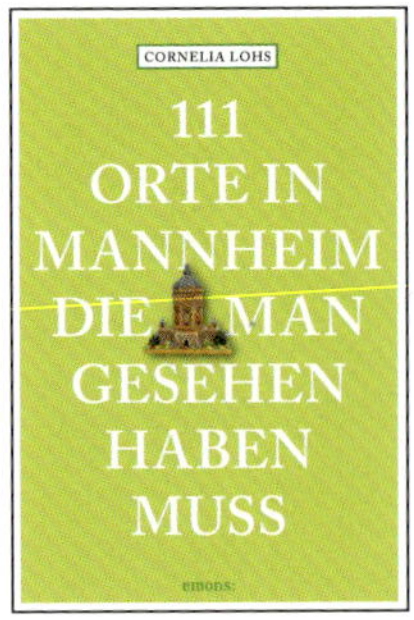

Cornelia Lohs
111 Orte in Mannheim, die man gesehen haben muss
ISBN 978-3-7408-0554-8

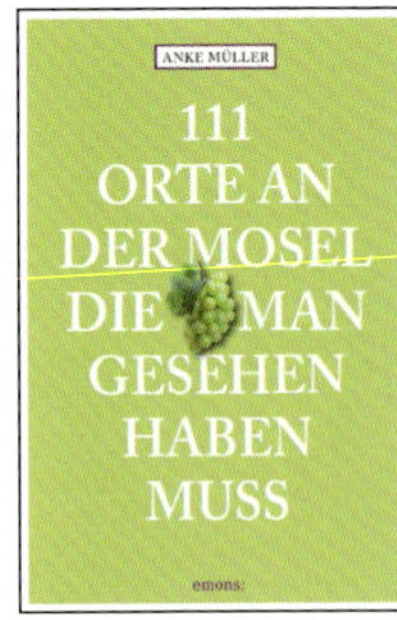

Anke Müller
111 Orte an der Mosel, die man gesehen haben muss
ISBN 978-3-95451-325-3

Barbara Kemmer, Frank Schmitt
111 Orte in Koblenz, die man gesehen haben muss
ISBN 978-3-7408-0439-8

Christina Kuhn,
Christian Löhden
111 Orte in der Pfalz, die man gesehen haben muss
ISBN 978-3-7408-1192-1

Peter Bieg
111 Orte in Trier, die man gesehen haben muss
ISBN 978-3-7408-1294-2

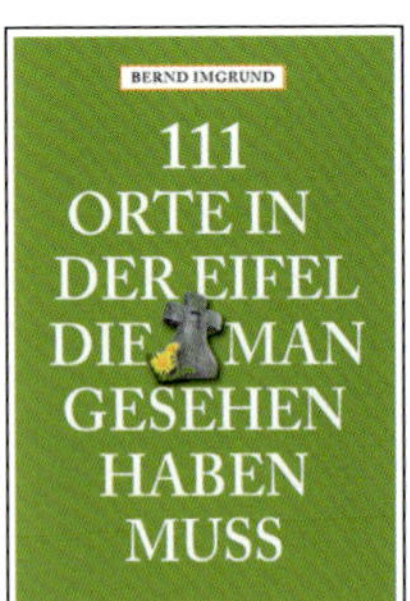

Bernd Imgrund
111 Orte in der Eifel, die man gesehen haben muss
ISBN 978-3-7408-1231-7

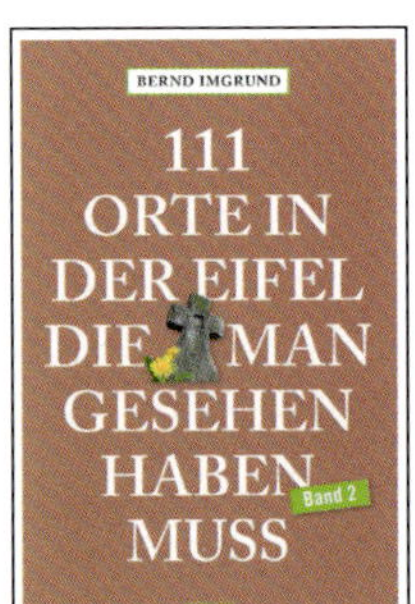

Bernd Imgrund
111 Orte in der Eifel, die man gesehen haben muss, Band 2
ISBN 978-3-7408-0552-4

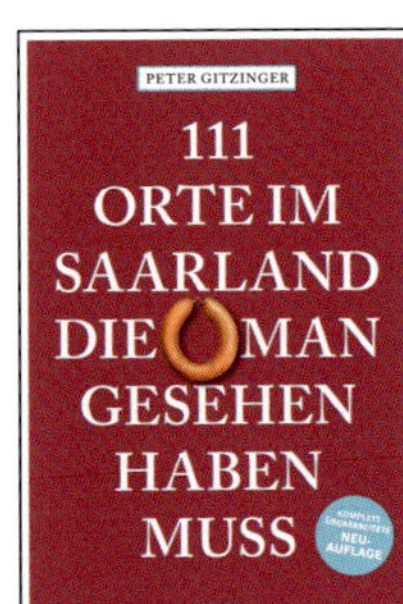

Peter Gitzinger
111 Orte im Saarland, die man gesehen haben muss
ISBN 978-3-7408-1265-2

Tim Frühling
111 Orte in der Rhön, die man gesehen haben muss
ISBN 978-3-7408-1605-6

Tim Frühling
111 Orte in Mittelhessen, die man gesehen haben muss
ISBN 978-3-7408-1232-4

Daniel Robbel, Horst Hohn
111 Orte im Westerwald, die man gesehen haben muss
ISBN 978-3-7408-1229-4

Holger Grumt Suárez,
Roland Grumt Suárez
111 Orte in und um Gießen, die man gesehen haben muss
ISBN 978-3-7408-0971-3

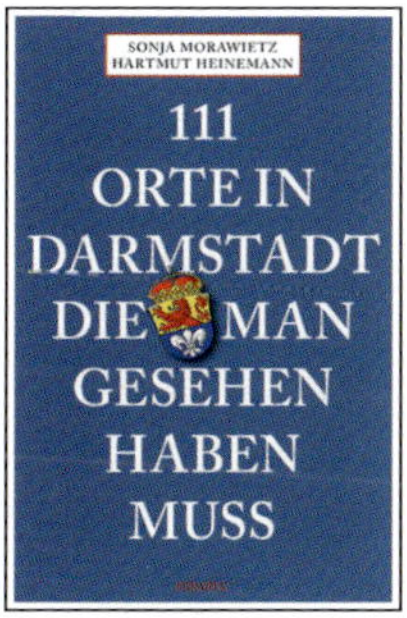

Sonja Morawietz,
Hartmut Heinemann
111 Orte in Darmstadt, die man gesehen haben muss
ISBN 978-3-95451-920-0

Eva Wodarz-Eichner
111 Orte in Wiesbaden, die man gesehen haben muss
ISBN 978-3-95451-670-4

Stefanie Jung
111 Orte in Mainz, die man gesehen haben muss
ISBN 978-3-95451-041-2

Dorothee Fleischmann
111 Orte im Taunus, die man gesehen haben muss
ISBN 978-3-7408-1420-5

Bernhard Horsinka,
Renate Bugyi-Ollert
111 Orte in und um Würzburg die man gesehen haben muss
ISBN 978-3-7408-1343-7

Hochdeutsche Zusammenfassung »Das gerippte Museum«:

Menschen, die nicht in Hessen geboren oder aufgewachsen sind, verkalkulieren sich gelegentlich bei der Apfelwein-Bestellung. Sie ordern zu große Mengen des für sie zu sauren Getränks und können den Unmut des Kellners nicht verstehen, wenn sie eine Limonade zur Süßung nachkommen lassen.

Professionelle Hilfe gibt es im Laden von Jörg Stier, der auch den passenden Apfelwein für Einsteiger bereithält. Außerdem befindet sich hinter seinem Geschäft am Hanauer Heumarkt das »Gerippte Museum« mit überdimensionierten Trink- und Ausschankgefäßen.

Die Realisierung des Museums wurde durch Corona verkompliziert, eine Annäherung ans hessische Nationalgetränk funktioniert aber auch ohne Exponate. In leicht berauschtem Zustand sei jedes Problem auf dem Gesprächsweg lösbar, so der Autor in seinem mundartlichen Originaltext.

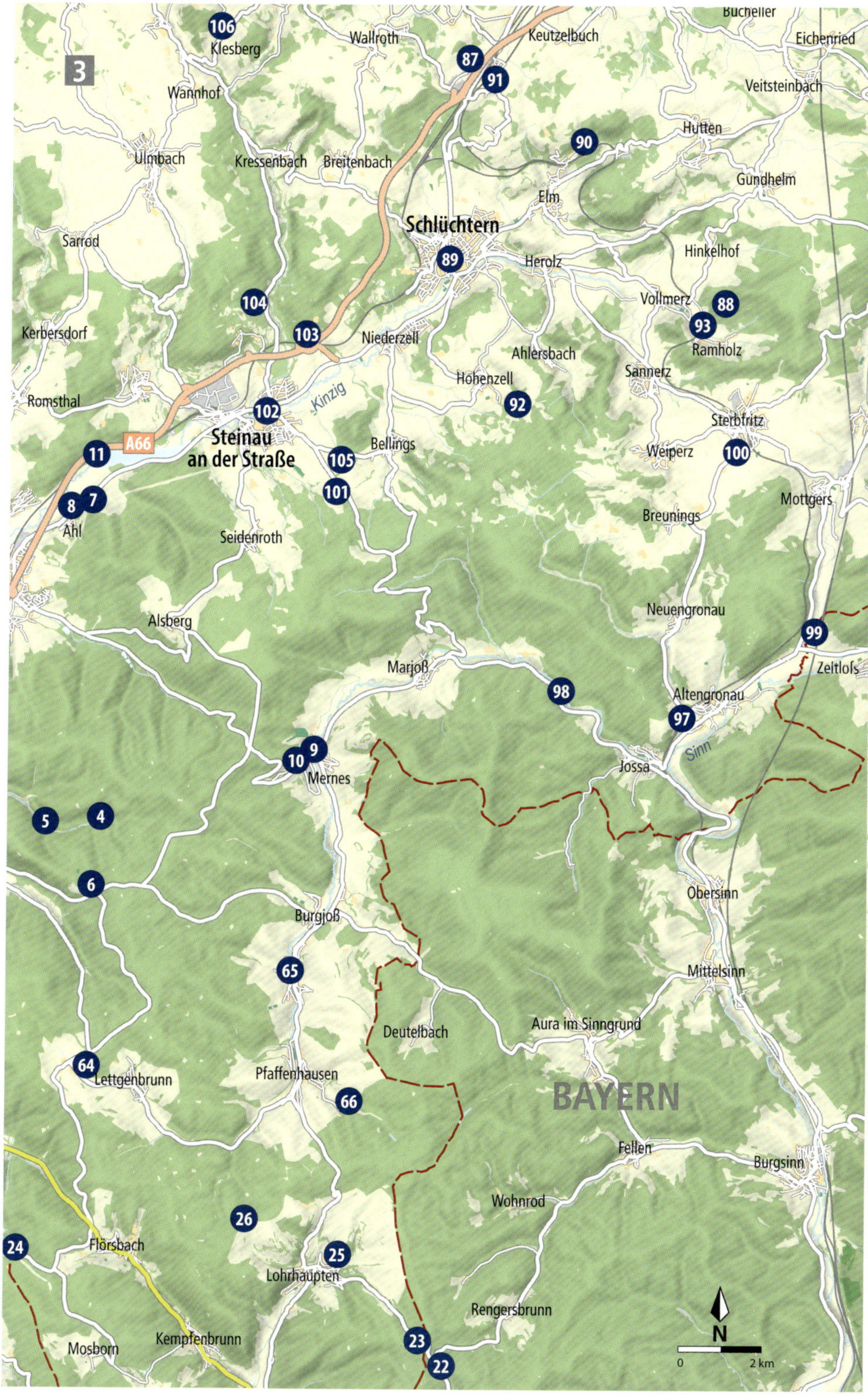

3
106
Klesberg
Wallroth
87
91
Keutzelbuch
Bucheller
Eichenried
Veitsteinbach
Wannhof
Hutten
90
Ulmbach
Kressenbach
Breitenbach
Gundhelm
Elm
Schlüchtern
Sarrod
89
Herolz
Hinkelhof
104
Vollmerz
88
93
Ramholz
Kerbersdorf
103
Niederzell
Ahlersbach
Sannerz
Hohenzell
Kinzig
Romsthal
102
92
Sterbfritz
A66
Steinau
an der Straße
Bellings
11
105
Weiperz
100
8
7
101
Mottgers
Ahl
Breunings
Seidenroth
Neuengronau
Alsberg
99
Marjoß
Zeitlofs
98
Altengronau
97
Sinn
9
10
Jossa
Mernes
5
4
6
Obersinn
Burgjoß
65
Mittelsinn
Deutelbach
Aura im Sinngrund
64
Lettgenbrunn
Pfaffenhausen
66
BAYERN
Fellen
Burgsinn
Wohnrod
26
24
Flörsbach
25
Lohrhaupten
Rengersbrunn
N
23
0
2 km
Mosborn
Kempfenbrunn
22

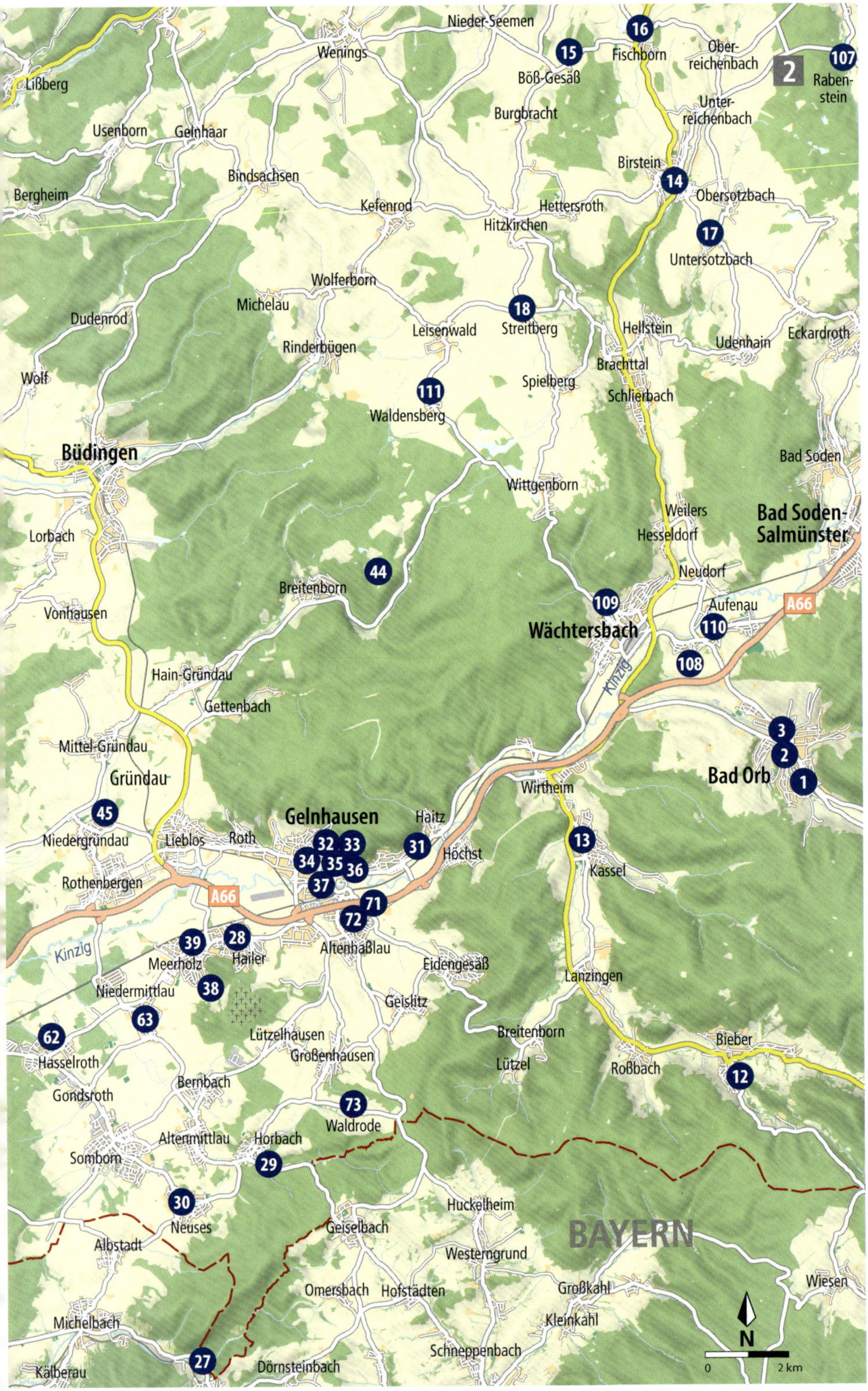

Nieder-Seemen
Wenings
Lißberg
Böß-Gesäß
Fischborn
Ober-reichenbach
2
Raben-stein
Burgbracht
Unter-reichenbach
Usenborn
Gelnhaar
Bindsachsen
Birstein
Bergheim
Kefenrod
Hettersroth
Obersotzbach
Hitzkirchen
Untersotzbach
Wolferborn
Michelau
Dudenrod
Leisenwald
Streitberg
Hellstein
Rinderbügen
Udenhain
Eckardroth
Brachttal
Wolf
Spielberg
Schlierbach
Waldensberg
Büdingen
Bad Soden
Wittgenborn
Weilers
Bad Soden-Salmünster
Hesseldorf
Lorbach
Neudorf
Breitenborn
Aufenau
A66
Vonhausen
Wächtersbach
Kinzig
Hain-Gründau
Gettenbach
Mittel-Gründau
Bad Orb
Gründau
Wirtheim
Gelnhausen
Haitz
Niedergründau
Lieblos
Roth
Höchst
Kassel
Rothenbergen
Altenhaßlau
Kinzig
Meerholz
Hailer
Eidengesäß
Lanzingen
Niedermittlau
Geislitz
Lützelhausen
Breitenborn
Bieber
Hasselroth
Großenhausen
Lützel
Roßbach
Gondsroth
Bernbach
Waldrode
Altenmittlau
Horbach
Somborn
Huckelheim
Neuses
Geiselbach
BAYERN
Albstadt
Westerngrund
Omersbach
Hofstädten
Großkahl
Wiesen
Michelbach
Kleinkahl
N
Schneppenbach
Kälberau
Dörnsteinbach
0
2 km

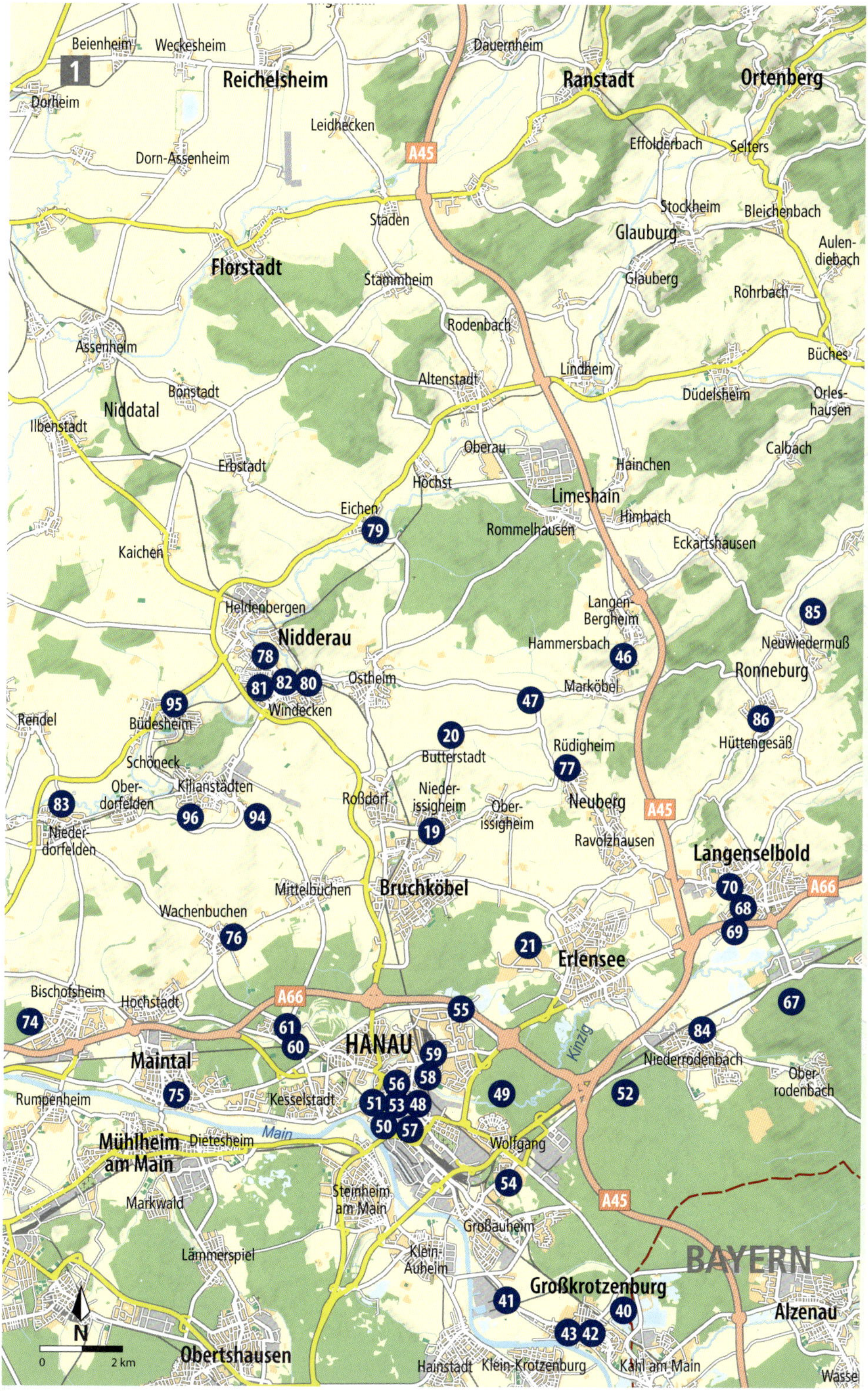
1
Beienheim
Weckesheim
Dorheim
Reichelsheim
Dauernheim
Ranstadt
Ortenberg
Leidhecken
Dorn-Assenheim
A45
Effolderbach
Selters
Staden
Stockheim
Bleichenbach
Glauburg
Aulen-
diebach
Florstadt
Stammheim
Glauberg
Rohrbach
Rodenbach
Assenheim
Büches
Lindheim
Altenstadt
Bönstadt
Düdelsheim
Orles-
hausen
Niddatal
Ilbenstadt
Oberau
Calbach
Erbstadt
Hainchen
Höchst
Limeshain
Eichen
Himbach
79
Rommelhausen
Eckartshausen
Kaichen
Langen-
Bergheim
85
Heldenbergen
Nidderau
Hammersbach
46
Neuwiedermuß
78
Ronneburg
81
82
80
Ostheim
Markobel
47
Windecken
95
86
Rendel
Büdesheim
20
Hüttengesäß
Butterstadt
Rüdigheim
Schöneck
77
Ober-
dorfelden
Kilianstädten
Nieder-
issigheim
Roßdorf
Ober-
issigheim
Neuberg
83
96
94
A45
Nieder-
dorfelden
19
Ravolzhausen
Langenselbold
Mittelbuchen
Bruchköbel
70
A66
68
Wachenbuchen
69
76
21
Erlensee
Bischofsheim
A66
67
Hochstadt
55
74
61
84
HANAU
59
Kinzig
60
Maintal
Niederrodenbach
58
Ober-
rodenbach
56
Rumpenheim
75
49
52
Kesselstadt
51
53
48
50
57
Main
Mühlheim
am Main
Dietesheim
Wolfgang
Steinheim
am Main
54
Markwald
A45
Großauheim
Lämmerspiel
Klein-
Auheim
BAYERN
41
Großkrotzenburg
N
40
Alzenau
43
42
0
2 km
Obertshausen
Hainstadt
Klein-Krotzenburg
Kahl am Main
Wassel

Adresse Waldensberg, 63607 Wächtersbach | **ÖPNV** ab Wächtersbach Bahnhof Bus MKK 73 bis Wächtersbach-Waldensberg | **Anfahrt** A66 bis Bad Orb/Wächtersbach, Richtung Birstein, dann links Richtung Wittgenborn/Waldensberg | **Tipp** Der Kulturwanderweg 2 von Wittgenborn nach Waldensberg und Leisenwald kombiniert schöne Landschaft mit allerlei historischen Informationen.

111 Das Waldenserdorf

Heimisch geworden

Irgendwie fällt sofort auf, dass dieses Dorf anders aussieht als die Ortschaften drum herum: Eine kerzengerade Hauptstraße, seltsame Namen wie Rougeweg, Bonnetstraße oder Arnaudstraße – und auf der Spitze des Kirchturms kein Kreuz, sondern ein Vogel. Eine Taube, um genau zu sein, die bei den Waldensern den Heiligen Geist symbolisiert.

Waldensberg auf der Spielberger Platte wurde 1699 von protestantischen Flüchtlingen aus dem Piemont gegründet. Die Glaubensgemeinschaft hatte in einigen abgelegenen Tälern einen Rückzugsraum gefunden, bevor auch dort nach einem erneuten Religionskrieg die Verfolgung einsetzte. Der damalige Graf Ferdinand Maximilian von Ysenburg-Wächtersbach gewährte ihnen Land sowie Steuerfreiheit und zog die neuen Siedler nicht zum Militärdienst ein. Dafür mussten die Waldenser mit kargen Böden, schlechter Wasserversorgung und dem rauen Klima der Hochebene zurechtkommen, wobei Letzteres das kleinste Problem gewesen sein dürfte. Denn wer aus einem schattigen Alpental von 1.000 Metern Seehöhe stammt, friert auch am Vogelsberg nicht. Viel schwieriger war, dass die Geflüchteten in ihrer Heimat meist Handwerker gewesen waren und jetzt plötzlich Landwirtschaft betreiben mussten. Richtig bergauf ging's erst, als ein späterer Neuankömmling die Strumpfmacherei ins Dorf brachte.

1739 schließlich wurde die erste Kirche eingeweiht, die wenige Wochen vor Ende des Zweiten Weltkriegs bei völlig überflüssigen Kampfhandlungen zerstört wurde – und mit ihr zwei Drittel des Dorfs. Jedes Jahr am 2. April läuten abends die Glocken in Waldensberg und erinnern an die Schlacht, bei der mehr als 500 Menschen ihr Leben verloren. Und so kann die Taube auf dem wiederaufgebauten Kirchturm vielleicht auch als Symbol des Friedens verstanden werden – auf jeden Fall aber als Beweis, dass die Integration von Flüchtlingen auch schon vor mehr als 300 Jahren funktioniert hat.

Adresse Frankfurter Straße 57, 63607 Wächtersbach-Aufenau, www.mittelpunkt-aufenau.de | **ÖPNV** Bus MKK 81 ab Bahnhof Wächtersbach bis Aufenau Kindergarten | **Anfahrt** A66 Ausfahrt Bad Orb/Wächtersbach, Richtung Wächtersbach, rechts nach Aufenau, auf der Hauptstraße links | **Tipp** Der angesprochene Landgasthof heißt »Zur Quelle« – hervorragendes Essen, gute Hotelzimmer, moderne Ferienwohnungen.

110_Der Mittelpunkt

Seele des Dorfs

Es liegt im Wesen des Menschen, dass er Dinge oft erst im Nachhinein wertzuschätzen lernt. Wenn der örtliche Tante-Emma-Laden zumacht und die Gaststätte verwaist, stellt der Homo sapiens fest, dass sich der Discounter-Parkplatz für ein nettes Schwätzchen nur bedingt eignet. Insofern ist Aufenau eine Insel der Glückseligen – mit intaktem Dorfkaufhaus und Landgasthof.

Um das kleine Lebensmittelgeschäft »Mittelpunkt« kümmert sich seit 2015 Simone Bienossek mit ihrem siebenköpfigen Team. Sie gehörte zu einer Handvoll Bewerbern, die das Lebenswerk von Familie Zöller nach deren Ausscheiden weiterführen wollte. Bienossek hatte Erfahrung auf dem Hofladen ihrer Schwester gesammelt und bekam den Zuschlag. Aber auf die schnell entflammte Euphorie folgte die Angst. Kommen genügend Kunden? Reichen die Einnahmen für die Miete? Ist das nicht alles viel zu viel? Schweren Herzens sagte sie ab. Erst als auch ihren Nachrücker der Mut verließ, sah sie den neuerlichen Anruf als Zeichen und stürzte sich ins Abenteuer.

Bei den Lebensmitteln steht mittlerweile die Regionalität im Vordergrund. Eier, Fleisch, Nudeln, Öl aus Rhön und Spessart, Brot und Brötchen vom Fink aus Steinau. Die sind, üppig belegt, morgens der Renner bei Handwerkern, die den Mittelpunkt an der Durchgangsstraße reihenweise ansteuern. Später am Tag interessiert sich eine andere Klientel für die kleine Deko- und Buchabteilung, Lotto und Post gehen rund um die Uhr. Es ist eine wahre Freude, dem wuseligen Treiben im dem engen Geschäft zuzusehen und den rührigen Verkäuferinnen, wie sie von der Kasse zur Käsetheke sprinten, zwischendurch noch ein Salamibrötchen schmieren und einen Kaffee aus der Maschine zaubern. Dazu gibt's für jeden ein freundliches Wort, ein bisschen Dorftratsch und hessisch Gebabbel. Simone Bienossek wollte mit dem Mittelpunkt ein »Kommunikationszentrum« im Dorf schaffen. Mission erfüllt!

Adresse wie gesagt: Schloss 1, 63607 Wächtersbach | ÖPNV vom Bahnhof Wächtersbach 700 Meter zu Fuß oder mit Bus MKK 81 ab Bahnhof bis Lindenplatz | Anfahrt A66 Ausfahrt Bad Orb-Wächtersbach, Ausschilderung Stadtmitte und Schloss folgen | Tipp Die Stadt bietet Führungen durch alle vier Etagen des Schlosses an, Anmeldungen unter Tel. 06053/80272.

109_Das Schloss

Happy End

Ein paar Sorgenfalten, die sich vor Jahren in die Mienen der Wächtersbacher Kommunalverantwortlichen gefurcht haben, dürften aufs Konto des Schlosses am Rande der Altstadt gehen. Denn lange Zeit machte es nur Ärger. Nach einem Brand zog die fürstliche Familie 1939 nach Büdingen, 1977 schließlich ging auch der letzte Mieter weg, der Deutsche Entwicklungsdienst, ein Vorläufer der Gesellschaft für internationale Zusammenarbeit. Nun stand das Gebäude leer und fing an, Probleme zu bereiten. Kurz vor der Jahrtausendwende übernahmen verschiedene Investoren das historische Gemäuer mit allerhand Plänen, ein Altenheim sollte entstehen oder eine Galerie, schlussendlich passierte aber: nichts. Der eindrucksvolle Bau verfiel, der Putz bröckelte, Fenster wurden notdürftig mit Holzplatten abgedichtet.

2013 schließlich gelang es der Globus-Gruppe, dem letzten gescheiterten Investor das Wächtersbacher Wahrzeichen für 1,85 Millionen Euro abzukaufen. Der Deal: Die Supermarktkette renoviert das Schloss für die Stadtverwaltung und bekommt im Gegenzug das Gelände von Rat- und Bürgerhaus zur Expansion. Da die beiden kommunalen Gebäude im Gewerbegebiet auch marode und darüber hinaus von ausgesuchter Scheußlichkeit waren, sagte die Stadt zu. Bei dieser Vereinbarung blieb es, allerdings entschied sich die Politik 2016, das mittlerweile entkernte und gesicherte Schloss doch selbst zu kaufen und zu restaurieren. Einerseits waren die Zinsen günstig, andererseits kommt ein öffentlicher Bauherr an ganz andere Fördermöglichkeiten ran. 2020 war der Umbau fertig – im geplanten Zeit- und vorgegebenen Kostenrahmen.

Auch wenn das Schloss kein Versailles oder Neuschwanstein ist – wer seine komplizierte Geschichte kennt, kann verstehen, warum die Wächtersbacher stolz auf die gelungene Renovierung sind. Und die Stadtverwaltung auf ihre neue Adresse: Schloss 1, 63607 Wächtersbach.

Adresse Startpunkt am Bahnhof, 63607 Wächtersbach | ÖPNV Bahnhof Wächtersbach | Anfahrt A66 bis Bad Orb/Wächtersbach, dort Ausschilderung Bahnhof folgen, Parkplätze vorhanden | Tipp Den Flyer zum Panoramaweg gibt's unter www.stadt-waechtersbach.de/erleben/sport-freizeit/wandern.

108 Der Panoramaweg

Aussichtsreich

An vielen Stellen ist das Kinzigtal ziemlich zersiedelt. Kein Wunder, als Hauptverkehrsachse mit Autobahn, Eisenbahn, vielen Dörfern, Städten und jeder Menge Gewerbe. Der Wächtersbacher Panoramaweg verbindet die Stadtteile an Bracht und Kinzig und bietet deutlich mehr Idylle, als man ihm auf den ersten Blick zutrauen würde.

Los geht der 20 Kilometer lange Marsch am Bahnhof der Kernstadt, markiert ist er durchgehend mit einem roten Teufelchen oder einem »P« derselben Farbe. Nach ein paar mittelattraktiven Straßenzügen ist oberhalb der Altstadt schon der erste Aussichtspunkt erreicht. Weit schweift der Blick kinzigaufwärts über Neudorf und Salmünster bis Alsberg. Dann geht's runter zum Schloss durch die fachwerkreiche Innenstadt und am gegenüberliegenden Hang wieder bergauf. Auf halber Strecke nach Hesseldorf das nächste Panorama, diesmal auf die bewaldeten Spessarthöhen im Süden. Vor Weilers wird die Bracht überquert, schon wieder geht's danach hinauf zum Hang über Neudorf. Belohnung ist die nächste Fernsicht, nun nach Westen Richtung Biebergemünd. Hinter der Eisenbahnunterführung folgt ein wunderschöner Abschnitt durch die Auen und den romantischen Weiler Kinzighausen.

Der letzte Aufstieg ist am Ortsrand von Aufenau zu bewältigen. Oben angekommen, stört dort nur der unglaublich hässliche Betonkirchturm den Blick übers Brachttal auf den Vogelsberg. Dafür zieht sich der nächste Kilometer der Wanderung durch eine traumhafte Weidelandschaft, die ganz gern auch mal von den Störchen aus dem Tal besucht wird.

Schließen sie diesen Anblick in ihrem Herzen ein, denn das letzte Stück Panoramaweg verläuft an der Straße und durch ein Industriegebiet. Wer darauf verzichten mag, lässt sich ab Aufenau-Kindergarten mit dem Bus zum Bahnhof chauffieren und lenkt sich mit den frisch geschossenen Panoramafotos auf seinem Handy von Wächtersbachs hässlichen Hektaren ab.

Adresse Rabenstein 3, 36396 Steinau, www.klein-hotel.de | ÖPNV kommt hier leider nicht vorbei | Anfahrt A66 bis Steinau, über Ulmbach nach Rabenstein | Tipp Wer nicht selbst kochen mag, findet in Ulmbach mit dem Schützenhof und dem Deutschen Haus zwei urige Landgasthöfe.

107__Mein kleinHOTEL

Mit Stall und Style

Urlaub auf dem Bauernhof. Das klingt nach düsteren Ferienwohnungen mit ausrangierten Möbeln und fliegenfangenden Leimrollen an der Küchenlampe. Dass es auch anders geht, beweisen Silke und Wolfgang Müller auf ihrem Hof am Südrand des Vogelsbergs. Hinter den landwirtschaftlichen Gebäuden sind drei topmoderne Quader mit Blick ins Tal entstanden – helles Holz, riesige Fensterflächen, stylishe Einrichtung.

Die Idee, Bauernhöfe und den Tiny-House-Trend zusammenzubringen, kommt aus dem mittelhessischen Biedenkopf. Dort sitzt Nicole Ann Habich, die mit ihrem kleinen Unternehmen Infrastruktur und Homepage für bisherige Vollerwerbslandwirte zur Verfügung stellt. Obwohl die Müllers noch nie Fremdenzimmer hatten, waren sie von der Idee mächtig angetan. Platz und Gastfreundschaft gab's genug, skeptische Blicke natürlich auch, als die Häuser – fix und fertig gebaut in Wetzlar – mit einem Kran auf die vorbereiteten Sockel gehoben wurden.

Aber der Mut sollte belohnt werden, denn mittlerweile sind die Häuschen bestens gebucht. Gäste von Frankfurt bis Singapur finden den Weg nach Rabenstein. Wer möchte, kriegt sein Studio täglich gereinigt, Brötchen vor die Tür gelegt oder kann im alten Bauernhof sogar frühstücken gehen. Selbst Geschäftsreisende sind über Buchungsportale auf die ungewöhnliche Übernachtungsmöglichkeit aufmerksam geworden und genießen nach einem anstrengenden Arbeitstag Ruhe und die familiäre Atmosphäre. Hauptzielgruppe sind aber Familien und Paare, die Lust aufs Land haben. Denn selbstverständlich stehen die Stalltüren offen, Kälbchen streicheln und Bauernhofleben gehören einfach dazu. Und wer abends auf seiner Terrasse sitzt, ins Tal der Salz hinunterschaut, den freundlichen Ziegen zusieht und sich im Sonnenuntergang eine Wurst auf den Grill legt, der merkt, dass es für einen perfekten Urlaubstag viel mehr eigentlich nicht braucht.

Adresse Klesberg, 36396 Steinau an der Straße | ÖPNV bis Ürzell ab Steinau Bahnhof mit Bus MKK 95, dann eine halbe Stunde zu Fuß | Anfahrt A66 Ausfahrt Schlüchtern-Süd, nach Steinau, dort Richtung Ürzell, am Ortseigang rechts | Tipp Wanderung durchs hübsche Siebenmühlental von der Fischzucht Waltersmühle nach Hintersteinau.

106 Die Kapelle Sankt Maria

Dem Himmel so nah

Manchmal wundert man sich, nach ewiger Fahrt durch Wälder, Täler und Felder, was eigentlich noch alles zum Main-Kinzig-Kreis gehört. Klesberg zum Beispiel. Der kleine Weiler auf einem Bergrücken zwischen Ürzell und Hintersteinau besteht aus neun Häusern, ein paar Ställen und zählt gerade mal gut 30 Einwohner. Jeder Besucher, der sich der winzigen Ortschaft aus dem Tal nähert, wird als Erstes von der Kapelle begrüßt – und das seit über 500 Jahren!

Gerade in jüngerer Zeit hatte es das kleine Gotteshaus nicht immer leicht. Eine verpfuschte Sanierung in den 1980er Jahren ließ Feuchtigkeit in den Innenraum eindringen, ganze Teile des Putzes bröckelten auf den Boden. Zur Rettung wurden bei einer grundlegenden Renovierung zu Beginn des neuen Jahrtausends Süd- und Westfront mit Schiefer verkleidet. Das ursprüngliche Mauerwerk ist seither nur noch an den beiden anderen Seiten der Fassade zu sehen. 1989 drangen Diebe durch ein Fenster ein und räumten die Kapelle zu großen Teilen aus. Vom Altarkreuz, einer Monstranz und drei historischen Holzfiguren fehlt bis heute jede Spur.

Seit mindestens 1774 ist eine jährliche Prozession von Ulmbach nach Klesberg überliefert. Möglicherweise entstand diese Tradition aus einer überwundenen Epidemie, der Bittgang sollte wohl Gottes Segen zur künftigen Gefahrenabwehr sichern. Aus dieser Zeit stammt auch die Tradition, dass die Bewohner von Haus Nummer fünf (Straßennamen gibt's hier keine) den Küsterdienst für die Kapelle übernehmen. Wann immer es möglich ist, läuft ein Familienmitglied mittags hinunter und läutet Punkt zwölf von Hand die Glocke.

Und wer das alles noch nicht idyllisch genug findet, läuft die Dorfstraße bergauf und verlässt den Ort Richtung Oberullrichsberg. Auf der Höhe gibt es beim Blick über den Landrücken freie Sicht auf die höchsten Berge der Rhön – eins der schönsten Panoramen im gesamten Kreisgebiet!

Adresse Start am Bahnhof, 36396 Steinau an der Straße | **ÖPNV** mit dem Zug bis Steinau | **Anfahrt** A66 bis Steinau, parken am Bahnhof | **Tipp** Bei der Ohlwarte bietet sich eine Rast in der Brathähnchenfarm an, schon wegen des Retro-Schriftzugs am Haus sehenswert, Infos unter www.brathaehnchenfarm.de.

105 Die Warten

Gut bewacht!

Schon der Beiname »an der Straße« deutet darauf hin, dass Steinau seit jeher verkehrsgünstig an der Via Regia zwischen Frankfurt und Leipzig liegt. Für Gastronomie und Handel ein unschlagbarer Vorteil, für die Verteidigung der Stadt eher eine knifflige Aufgabe. Deswegen haben die Steinauer schon im Mittelalter neben ihrer Stadtmauer auf ein Früherkennungssystem für ungebetene Besucher gesetzt: die Warten.

Vier Türmchen ähnlicher Bauart verteilen sich über die Hügel rund um die Stadt, alle mit Blickkontakt zum Bergfried des Schlosses. Dort wohnte und arbeitete der Türmer, dessen Aufgabe es war, die Gegend abzuscannen und Warnsignale von den Mitarbeitern auf den Warten zu empfangen.

Mit genügend Kondition für einen 25-Kilometer-Marsch können alle Wachttürme bei einer ausgiebigen Wanderung abgeklappert werden. Wer sich die Highlights für den Schluss aufbewahren möchte, steuert zunächst die Ohlwarte im Norden und die Marborner Warte im Westen der Stadt an. Beide können derzeit nicht bestiegen werden und liegen an Wanderwegen, die teils durch schöne Wälder führen, teils aber auch an der Autobahn und am Industriegebiet entlang verlaufen. Idyllischer wird der Weg nach einem Abstecher zur Kinzigtalsperre hinauf nach Seidenroth, wo kurz hinter dem Ort die gleichnamige Warte einen wirklich fabelhaften Blick in alle Himmelsrichtungen bietet. Knapp vier Kilometer weiter versteckt sich hinter dem Erlebnispark Steinau in einem Wäldchen Nummer vier die Bellinger Warte. Auch sie ist für Besucher geöffnet, bietet durch die hohen Bäume drum herum aber keine ganz so beeindruckende Aussicht. Der Rückweg in die Stadt führt bequem hinab übers Feld – und wer früh genug dran ist und noch Puste hat, kann im Schloss direkt noch mal auf einen Turm klettern. Um 176 Stufen weiter oben zu kontrollieren, ob der Blickkontakt zu den vier Warten auch heute noch funktioniert.

Adresse Mooshecke 1, 36396 Steinau an der Straße | ÖPNV ab Steinau Bahnhof zu Fuß über den »Weinberg«, circa eine Stunde | Anfahrt A66 Ausfahrt Schlüchtern-Süd, Richtung Steinau, dort rechts nach Ürzell, dann ausgeschildert | Öffnungszeiten Ende April bis Ende September, Infos auf www.tropfsteinhoehle-steinau.de | Tipp Freitags um 17.30 Uhr finden die sogenannten »Sinnesführungen« statt. Ohne Beleuchtung, nur mit Taschenlampe.